»Vom Bären steht in jeder Chronik, / Daß er sich nährt von wildem Honig«, so stellte Eugen Roth fest – und nicht nur dieser: Seit Jahrhunderten wird die Vorliebe des Bären für Honig in vielen Kulturen als seine scheinbar wichtigste Eigenschaft angesehen.

Um mit allen Vorurteilen endlich aufräumen zu können, erfahren wir in dieser Textsammlung die ganze Spannbreite des Bärendaseins und lesen dabei nicht nur von Braunbären, Grizzlybären, Waschbären, Malayenbären oder Eisbären, sondern auch von Kragenbären, wahrsagenden Bären, guterzogenen englischen Bären, russischen Bären, die alle Mischka heißen, Pu-Bären, wahren Bärenmüttern und schließlich Bären, von denen wir lernen können: als klassische Fabeltiere.

Texte von Klabund, Aesop, Storm, Kleist, Cortázar, Goethe, Ovid, Krüss und vielen anderen.

insel taschenbuch 2784
Allerlei Bären

Allerlei Bären

Aus der Höhle gelockt
von Michael Koseler

Insel Verlag

Umschlagfoto:
www.imagebox-sachsen.de

insel taschenbuch 2784
Originalausgabe
Erste Auflage 2001

Textnachweise am Schluß des Bandes
Vertrieb durch den Suhrkamp Taschenbuch Verlag
Umschlag nach Entwürfen von Willy Fleckhaus
Satz: Memminger MedienZentrum AG
Druck: Nomos Verlagsgesellschaft, Baden-Baden
Printed in Germany

1 2 3 4 5 6 – 06 05 04 03 02 01

Inhalt

Allerlei Bären

Statt eines Vorworts:

Eugen Roth
Vom Bären steht in jeder Chronik . . .

Vom *Bären* steht in jeder Chronik,
Daß er sich nährt von wildem Honig;
Er sucht sich Kräuter auf der Weide,
Und frißt das Brot schon als Getreide.
Das Fleisch kann er an sich vermissen,
Bis er, betäubend sein Gewissen,
Zum ersten Male Blut geleckt:
Dann weiß er auch, wie gut das schmeckt.
Drum achte stets man darauf scharf,
Daß Blut nicht erst geleckt sein darf.
's ist wie beim Menschen mit dem Rauchen:
Er tät's im Grunde gar nicht brauchen.
Ist aber erst drauflos gepafft,
Wächst's rasch zur wilden Leidenschaft.
Der Bär wird teils im Wald gefunden,
Teils in der Stadt uns aufgebunden;
Die größten Bären immerhin
Bezog man vormals aus Berlin.
Und mitten in dem Sterngewimmel
Sieht man zwei Bären auch am Himmel,
Wobei genau zu teilen wär in
Die kleine und die große Bärin,
Welch erstere – im deutschen Wagen –
Uns klar den Nordpol weiß zu sagen.
Der Bär, zwei Meter lang und länger,
Ist ausgesprochener Sohlengänger.
Kein Schuster 's Leben ihm verteuert,
Natur die Sohlen selbst erneuert
Des freilich einzigen Paar Schuhs.

Er ist dann zeitweis schlecht bei Fuß.
Der Fachmann sagt, daß Zottelbären
ganz ausgemachte Trottel wären;
Auch sähn sie nur so drollig aus
Vermöge ihres Körperbaus.
Jedoch der Bär ist gar nicht dumm –
Mißtrauisch wohl – er weiß, warum.
Gemütlich ist der Meister Petz,
»Nur mit der Ruhe!« sein Gesetz.
Als vor so manchem Tausendjahr
Er noch der Tiere Herrscher war –
Waldkönig, Goldfuß, Honighand –
War gute, alte Zeit im Land.
Wie hat der Mensch sich noch geplagt
Mit ritterlicher Bärenjagd,
Wenn er auch oft, voreilig schnell
Verhandelt schon das Bärenfell.
Wie hat in Märchen und in Sage –
Noch schimmert's bis in unsre Tage –
Der Bär sich gut geführt im Grunde:
Er ging ja drum auch vor die Hunde!

Man kennt die Mär von jenem braven
Einsiedler, dem, als er geschlafen,
Sein sonst so wohlgezogner Bär,
Vermeinend, daß er nützlich wär,
Die Fliegen scheuchte mit 'nem Stein. –
Er schlug ihm so den Schädel ein.
Seitdem sagt man in bessern Kreisen:
Wem einen Bärendienst erweisen.

Der Bär hat es an sich ganz fein:
Im Wald lebt er für sich allein,
Er kommt – urahnische Erfahrung? –

Zu seiner Bärin bloß zur Paarung.
Nur einmal blüht im Jahr der Mai . . .
Und ist es wiederum vorbei,
Dann trabt er, satt von seinem Glück,
Bärfuß in seinen Wald zurück.
Bärbeißig wird er mehr und mehr
Im Alter und ein Höhlenbär.
Nichts lockt ihn mehr aus seiner Klause,
Er bleibt jahrein, jahraus zu Hause.
(Was andres ist der Bärenhäuter –
Doch jeder sei sein eigner Deuter.)

Die Bärin selbst ist tief durchdrungen
Von Mutterliebe zu den Jungen,
Erzieht sie gut, damit auf Erden
Rechtschaffne Bären sie einst werden,
Setzt sie manierlich an die Schüssel,
Haut sie auch manchmal auf den Rüssel.
Ein neugeborner Bär ist *sehr* klein:
Nur ungefähr so wie ein Meerschwein.
Er kommt zur Welt (wie ich) im Jänner,
Die Bären sind drum Wassermänner.
Die kleinen Töchter heißen ja
Schon von Natur aus Ursula;
(Doch etwa unsre Sekretärin
Ist drum noch lange keine Bärin.)
Die Petze, drollige Gesellen,
Bereit stets, Dummes anzustellen,
Die werden stärker stets und dreister
Und eines Tages sind sie Meister.
Ein alter Bär nimmt oft nichts krumm,
Entfernt sich höflich mit Gebrumm
Und läßt sich weiter nicht beleidigen,
Doch gilt's, die Kinder zu verteidigen,

Und ihnen zu verschaffen Futter,
Wird tollkühn eine Bärenmutter,
Und ohne jeden Weiberscharm
Nimmt sie den Gegner in den Arm,
In dem, schon beinah sagenhaft,
Der Bär hat eine Bärenkraft.
Begegnet tief im Walde drinnen
Ein Bär den Beerensucherinnen,
So nimmt er das nicht weiter übel,
Er leert ins Maul den ganzen Kübel,
Natürlich, ohne was zu kaufen.
Die Weiber läßt er wieder laufen.

Es hauste einst der *Braune Bär*
In ganz Europa ungefähr –
Wogegen man in Afrika
Noch niemals etwas Bäriges sah. –
Im Lauf der Zeiten freilich schwand
Er sogar aus dem Alpenland,
Angeblich wegen seinem Schaden.
Der letzte fiel in Berchtesgaden,
Als er bei Sankt Bartholomä
Wollt schwimmen übern Königssee.
Gewiß, ein Bär bringt wenig Nutzen:
Man schoß ihn ab in den Abruzzen.
Als Kinder in der Schul wir lernten,
Es gäbe Bären noch in Kärnten,
Doch hat auch dort schon längst man jetzt
Den letzten Meister Petz verpetzt.
In Jugoslawien, heißt es, darf
Man schießen noch auf Bären scharf –
Natürlich nicht gleich jedermann:
Nur wer viel Geld bezahlen kann.
Man möchte weinen bittre Zähren,

Daß ausgestorben sind die Bären,
Bis auf die Riesen in Sibirien.
Ein Weißer Bär lebt einst in Syrien,
Vorzüglich auf dem Libanon,
Es kannte ihn die Bibel schon.

Ganz Nordamerika einmal
Durchzog der wilde *Baribal;*
Er endete zumeist durch Mord.
Jetzt zieht durchs Land nur mehr der Ford.
Denn auch der *Grisly,* einst dort Regel,
Verschwand schon längst mit Kind und Kegel.
Und kommt man an den Bärensee,
Sagt man bloß noch: Hier wären se,
Hätt nicht seit Lederstrumpf vom Gritzel-
Bärn man gemacht sich dauernd Schnitzel.

Pelz waschen und nicht naß ihn machen,
Das Sprichwort sagt's, das wär zum Lachen;
Der *Waschbär* wäscht an See und Fluß
Sein Futter nur vor dem Genuß.
Er ist nicht groß, wirkt beinah gnomisch
Und, wenn auch unfreiwillig, komisch,
Trägt um die Augen weiße Binden –
Bald wird der letzte wohl verschwinden.

Die kleinen Bären der *Malayen*
Sind wirklich drollig oft zum Schreien:
Es steht drum auch das Publikum
Laut schreiend um den Zwinger rum.
Noch Wichtiges zu sagen wär
Von *Lippen-, Nasen-, Kragenbär.*
Als ob sie nur Karnickel wären
So winzig sind die *Wickelbären.*

Der Teddybär, einst große Mode,
Geht auch entgegen schon dem Tode.
Der *Eisbär* haust am kalten Pol:
Und ohne allen Alkohol! –
Dem alten Seebärn andrerseits
Ist Alkohol der höchste Reiz,
Vom Nordpol bis zum Spitz des Kaps
Trinkt er bei Kält und Hitze Schnaps.
Doch beide gehn aufs Land zum Tanzen
Und auch, um sich dort fortzupflanzen. –
Die Bärin, winters fern dem Gatten,
Wirft Junge, winzig fast wie Ratten.
Eisbären wenn verreisen wollen,
Besteigen einfach Treibeisschollen
Und stechen, also eingeschifft,
Ins weite Nordmeer mit der Drift.
Doch schwimmt auch gut und geht zu Fuß
Oft weit *Ursus maritimus*,
Obwohl er manchmal nicht recht weiß:
Wohin gehn in dem ewigen Eis?

Zu liegen auf der Bärenhaut
Sich ein Erwachsner kaum mehr traut.
Den Säugling aber legt man meuchlings
Auf weiße Eisbärfelle, bäuchlings,
Und knipst den kleinen Erdengast,
Eh er die Lage ganz erfaßt.
Auch mich, den erst sechs Wochen alten,
Hat man im Bild so festgehalten.

Wir denken – schon, weil's so sein muß –
Des (Bären-) Führers noch zum Schluß.
Bekanntlich liebt der Bär Musik,
Am meisten Militärmusik.

Dann wird er, wie verzaubert, still
Und tanzt so, wie der Führer will.

Klabund
Der Bär

Diese Geschichte beginnt wie ein Märchen der Brüder Grimm. Es ist aber kein Märchen. Es ist auch keine rechte Geschichte mit dem nötigen Schlußpunkt: eine runde Geschichte etwa, rund und durchsichtig wie eine Glaskugel, mit einer schillernden Moral. Diese Geschichte ist nämlich (beinahe) wahr und hat sich zugetragen in der kleinen Stadt, in der ich kürzlich zu Besuch weilte. Sie ist nichts als eine traurige und lächerliche Arabeske zu dem erhabenen Ereignis des Krieges, das sich draußen (weit von hier, die kleine Stadt weiß nicht, wo ...) abspielt.

An dem Tage, an dem Deutschland an Rußland den Krieg erklärte, traf in der kleinen Stadt der weit- und weltberühmte Zauberer Francesco Salandrini ein, welcher dort eine Vorstellung seiner großen und geheimen Künste zu geben gedachte. Er vermochte Wasser in Wein und Wein in Wasser zu verwandeln. Er zog den Bauernburschen auf dem Lande und den verblüfften Jünglingen und den kichernden Fräuleins der kleinen Städte nur so die Taler aus Nase und Ohren und ließ sie klappernd in seinen schwarz polierten Zylinder springen, obgleich offensichtlich zutage trat, daß er selber nicht im Besitz eines einzigen dieser silbernen Dinger war. Er zerschlug in seinem bereits erwähnten Zylinder, dem man gewisse magische Kräfte nicht absprechen durfte, ein halbes Dutzend roher Eier und buk ohne Feuer und ohne Pfanne in nichts als ebendiesem Zylinder einen veritablen, wohlschmeckenden Eierkuchen.

Herrn Salandrinis Gefährt, das mit einigen kleinen Fenstern versehen und ziegelrot angestrichen war, rollte, von einem schwermütigen und betagten Pferde gezogen, über die Oderbrücke rumpelnd in die Stadt ein. In seiner Begleitung befanden sich noch seine Frau: Bella, die Schlangendame, die schwebende Jungfrau, das überirdische Medium und eine Person, welche den prosaischen Namen Hugo führte.

Herr Salandrini, der sich mit Weltgeschichte und Politik noch nie in seinem Leben befaßt hatte (und es auch fürder nicht zu tun gedachte, da er Steuern zu zahlen weder willens noch fähig war), verwunderte sich nicht wenig, die kleine Stadt in heller Aufregung zu finden. Alle Leute liefen durcheinander, die Kinder schrien und sangen, und die Frauen sahen besorgt aus den Fenstern.

Nichtsdestoweniger lenkte Herr Salandrini seinen Wagen ruhig und besonnen nach dem Salzplatz, wo an Jahrmärkten die Würfelbuden prunken und die Karussells sich munter drehen, um dort sein »Interessantes Wundertheater« aufzuschlagen.

Er hatte mit Hilfe der schwebenden Jungfrau gerade den ersten Pflock in die Erde getrieben, einen Strick darum geschlungen und Hugo daran gebunden, als sich federnden Schrittes der dicke Polizist Neumann nahte, der ihn ebenso bestimmt wie freundlich darauf aufmerksam machte, daß er sich die weitere Mühe der Errichtung seines »Interessanten Wundertheaters« sparen könne. Der Krieg sei erklärt. Die für heute abend angesagte Vorstellung könne vom Bürgermeister in Anbetracht der ernsten Zeitumstände nicht mehr gestattet werden. Es gehe jetzt um andere Dinge als um den Eierkuchen im Zylinder oder um den gedankenlesenden Bären Hugo. Kein Mensch habe Lust, sich derlei abenteuerlichen Unsinn jetzt anzusehen. Er möge sein »Interessantes Wundertheater« bis auf günstigere Zeiten suspendieren. Damit entfernte sich der Polizist Neumann, freundlich und bestimmt, wie er gekommen war.

Herr Salandrini war wie vor den Kopf geschlagen. Die Möglichkeit eines internationalen Konfliktes, der ihn um Beruf und Brot bringen konnte, hatte er nie im entferntesten in Berechnung gezogen. Auch Hugo, der gedankenlesende und wahrsagende Bär, hatte ihn davon in Kenntnis zu setzen verabsäumt, ja, er schien selber noch nichts von dem drohenden Unheil, das sich auch über seinem Haupte in dunklen Wolken zusammenballte, zu ahnen. Er saß klein und verhungert neben dem Pflock, knabberte wie ein Kind an seinen Pfotennägeln und starrte mit jenem Ausdruck beseelten Stumpfsinns vor sich hin, der unsere Lachmuskeln ebenso reizt, wie er unser Grauen erweckt.

Herr Salandrini setzte sich auf die Wagendeichsel und sann den ganzen Tag, was er nun anfangen solle, um sich und seine Familie durchzubringen. Er hieß eigentlich Schorsch Krautwickerl und war aus Bamberg. Zum Heeresdienst würde man ihn nicht mehr einziehen, dazu war er zu alt. Im übrigen war er sich sehr klar, daß er augenblicklich bei niemand auf Verständnis und Teilnahme für seine merkwürdigen Kartenkunststücke und die erstaunliche Begabung des gedankenlesenden Bären Hugo zu zählen habe.

Er sann mehrere Tage. Dann ging er auf das Bürgermeisteramt und bat um irgendeine, wenn auch die geringste Arbeit. Die schwebende Jungfrau und der Bär blieben in banger Erwartung zurück. Sie teilte schwesterlich mit ihm eine alte Brotkruste.

Herr Salandrini kehrte mit der frohen Botschaft zurück, daß er als Koksarbeiter bei der Städtischen Gasanstalt Verwendung gefunden habe. Das war wenigstens etwas, wenn auch nicht viel, denn das Gehalt, das Herr Salandrini empfing, reichte kaum für einen Magen (der Bedarf an Koksarbeitern ist schon im Frieden nicht nennenswert). Wenn also die schwebende Jungfrau zur Not noch mit versorgt war – vielleicht fände sie in der Stadt eine Stelle als Aufwaschfrau? –, was sollte aus dem kleinen, sowieso schon halb verhungerten Bären, ihrem Liebling, Kapital und Abgott, werden?

Am nächsten Tage erschien in der Zeitung ein Inserat. »Edle Herrschaften werden um Abfälle gebeten für den wahrsagenden Bären des Zauberers Salandrini.«

So sättigte sich der Bär Hugo von nun ab an den Abfällen edler Herrschaften, die ihm nicht so reichlich zukamen, daß sie ihn völlig befriedigten. Er saß auf dem Salzplatz, an seinen Pflock gebunden, unter Aufsicht der schwebenden Jungfrau, welche Wäsche ausbesserte, und der Herbstregen wusch seinen Pelz. Es wurde Spätherbst, und der Bär fror. Sein Pelz zitterte, und seine müden Augen sahen furchtsam zum bleiernen Himmel empor. Die schwebende Jungfrau weinte.

Da kam Herr Salandrini auf einen guten Gedanken. Er war ja Koksarbeiter an der Gasanstalt. Er bat den Magistrat um Erlaubnis, den Bären in einen leeren, warmen Raum der Gasanstalt neben den großen Öfen unterbringen zu dürfen. Der Magistrat, der sich von der Harmlosigkeit des halbverhungerten und schwächlichen, kleinen Bären längst überzeugt hatte, gab die Einwilligung, und der Bär hockte nun hinter einer hölzernen Gittertür und blickte mit traurigen Augen in die feurige Glut der Öfen. Hin und wieder besuchten ihn die Kinder des Gasanstaltsinspektors und brachten ihm ein Stück Kriegsbrot oder Küchenreste. Er fraß alles, was ihm zwischen die Zähne gestopft wurde.

Eines Morgens aber lag er tot hinter dem Gitter, und das

rosa Licht der Öfen tanzte über sein dunkelbraunes, spärliches Fell.

Herr Salandrini war erschüttert, aber als Koksarbeiter hatte er keine Zeit zu langen Meditationen. Die schwebende Jungfrau warf sich schreiend über den toten Bären, und das Ganze sah aus wie ein Bild von Piloty.

Ob der Bär an Gasvergiftung oder an Unterernährung zugrunde ging, war nicht festzustellen.

Herr Rechtsanwalt K. kaufte Herrn Salandrini das Bärenfell samt dem Kopf ab. Herr K. ist im Begriff, die Stadt zu verlassen und in Z. eine neue Praxis aufzunehmen. Er wird sich das Fell des wahrsagenden Bären Hugo in seinem Herrenzimmer an die Wand nageln, und wenn er Freunde bei sich zu Gast hat, wird er mit einer großen Gebärde auf das Fell deuten, seine Zigarrenasche nachlässig abschlagen und zerstreut zu erzählen beginnen: »Als ich noch in den Schwarzen Bergen Bären jagte . . .«

Manfred Kyber
Basilius Mummelpelz
und Hieronymus Kragenpeter

Der Bär Basilius Mummelpelz stand vor der Wohnung seines Vetters, des Kragenbären. »Hieronymus Kragenpeter, bist du zu Hause?« fragte er und klopfte mit der Tatze an die Höhlenwandung.

Drinnen regte sich nichts. Nur ein schwaches Brummen war hörbar. Basilius Mummelpelz klopfte energischer.

»Kragenpeter – bist du zu Hause? Hi-e-ronymus!«

»Nein, ich bin nicht zu Hause«, sagte Hieronymus Kragenpeter aus der Tiefe der Höhle und grunzte unwillig, »du weißt doch, daß ich mich nach Tisch immer hinlege.«

»Hieronymus«, sagte Basilius Mummelpelz, »wenn ich

dir sage, warum ich gekommen bin, wirst du gleich zu Hause sein.« Hieronymus Kragenpeter erschien in der Höhlenöffnung und verneigte sich viele Male. Das tun die Kragenbären, und es sieht sehr verbindlich aus. Hieronymus war aber gar nicht verbindlich; denn er murmelte was über die Störung und rieb sich mit den Tatzen den Schlaf aus den Augen.

»Du – Hieronymus, ich habe ein Honignest entdeckt, ein süßes, heimliches Honignest.«

»Wo?« sagte Hieronymus Kragenpeter und trottete auf allen vieren los.

»Warte, warte, ich zeige es dir«, sagte Basilius Mummelpelz und beeilte sich nachzukommen. »Du läufst ja in die falsche Richtung. Du mußt woanders hinlaufen!«

»Wo?« sagte Hieronymus Kragenpeter und kehrte eiligst wieder um.

»Du könntest statt ›Wo‹ auch mal ›Danke‹ sagen«, meinte Basilius Mummelpelz. »Siehst du, wie du zu Hause gewesen bist!« Basilius Mummelpelz und Hieronymus Kragenpeter trotteten nebeneinander her, emsig und mit einwärts gekehrten Füßen, wie fette Herren, die gern zu Tisch gehen.

Das Honignest war in einem hohlen Baum, der zwei kleine Astlöcher hatte. Es duftete ungemein lieblich darin. Basilius Mummelpelz grunzte vor Vergnügen. Hieronymus Kragenpeter gurgelte vor Wonne.

»Hier sind die beiden Löcher. Dies hier scheint größer zu sein«, sagte Basilius Mummelpelz.

»Wo?« sagte Hieronymus Kragenpeter und versuchte den Kopf hindurchzustecken. »Es geht nicht. Das Loch ist zu eng. Ich habe Kragenweite 113. Basilius, du mußt es versuchen. Aber iß den Honig nicht allein auf!«

Basilius Mummelpelz schüttelte den Kopf und brummte. »Ich habe Kragenweite 119«, sagte er ergeben.

Hieronymus Kragenpeter krabbelte mit der Tatze im Loch herum.

»Auch das geht nicht«, sagte er enttäuscht. »Ich habe Tatzennummer 14. Basilius, du mußt es versuchen.«

»Ich habe Tatzennummer 16«, sagte Basilius Mummelpelz und sah erbost auf seine großen Pfoten.

»Basilius, man wird die Nase hineinstecken müssen«, sagte Hieronymus Kragenpeter. »Aber du mußt es zuerst versuchen. Du bist der Ältere.«

Basilius Mummelpelz stopfte seine Nase tief in das Astloch. Es duftete ungemein lieblich.

»Basilius«, sagte Hieronymus Kragenpeter, »was machst du für ein Gesicht? Du siehst nicht aus, als ob du Honig lecktest.«

Er bekam keine Antwort. Wie ein Geschoß fuhr die Nase des Basilius aus dem Astloch heraus. Ein Schwarm von wütenden Bienen umkreiste die beiden Vettern.

»Mein schöner Kragen«, jammerte Hieronymus Kragenpeter und schlug verzweifelt mit den Tatzen um sich. Basilius Mummelpelz nieste buchstäblich Bienen. Es war ungeheuer störend. Denn eine Biene im Nasenloch ist kein Gegenstand der Ruhe.

Zu Hause leckte Hieronymus Kragenpeter seinen Kragen und kämmte ihn mit den Krallen.

»Nun kann ich heute abend nicht zum Rendezvous gehen«, sagte er. » Die Sonne muß erst meinen Kragen bügeln. Meine Kleine gibt so viel auf gute Toilette.«

Basilius Mummelpelz kühlte seine Nase unaufhörlich in einer Wasserpfütze. Es waren zwingende innere Gründe dafür vorhanden.

»Ich wollte heute in den Biologischen Verein für Höhlenbärenforschung«, sagte er böse.

Beide ärgerten sich sehr. Einer ärgerte sich über den anderen.

»Astlöcher sind nicht für fette Herren«, sagte Basilius Mummelpelz und sah Hieronymus Kragenpeter hämisch an. »Für die süßen heimlichen Honignester darf man keine plumpen Tatzen haben. Sonst geht's einem an den Kragen. Meinst du das nicht auch, Hieronymus?«

»Andern geht es noch viel schlimmer«, sagte Hieronymus Kragenpeter. »Mancher steckt bloß die Nase in den Honig – und schon niest er Bienen!«

Aesop
Löwe und Bär

Ein Löwe und ein Bär fanden einmal ein Rehkitz und kämpften darum. Schrecklich fielen sie einander an, bis ihnen nach langem Kampf ganz schwindlig wurde und sie ohnmächtig liegen blieben. Ein Fuchs, der um sie herumgestrichen war, sah sie so daliegen, das Rehkitz in der Mitte; so lief er zwischen beiden hindurch, schnappte es auf und machte sich eiligst davon. Sie sahen es zwar, konnten sich aber nicht erheben und seufzten nur: »Wir Tröpfe, die wir uns für den Fuchs ruiniert haben!«

Dies zeigt, daß der eine sich abrackert, während ein anderer daran profitiert.

Aesop
Die Wanderer und der Bär

Zwei Freunde zogen desselben Wegs, da kam plötzlich ein Bär auf sie zu. Der eine kletterte flugs auf einen Baum und versteckte sich; der andere, da er keinen Ausweg wußte, ließ sich zu Boden fallen und stellte sich tot. Der Bär beschnüffelte ihn mit seiner Schnauze: der Mann hielt den Atem an, denn es heißt, der Bär rühre Tote nicht an. Als der Bär endlich abgezogen war, kletterte der Mann vom Baum herunter und erkundigte sich, was ihm der Bär ins Ohr geflüstert habe. Der antwortete: »Ich sollte hinfort nicht mit Freunden wandern, die in der Gefahr nicht zu mir stehen.«

Die Fabel zeigt, daß man in der Not seine wahren Freunde kennenlernt.

Babrius
Bär und Fuchs

Es rühmte sich der Bär, er sei ein Menschenfreund,
denn ihre Leichen rühre er nicht an.
Da sprach der Fuchs zu ihm: »Ich säh es lieber wohl,
daß du die Leichen fräßest, doch Lebendiger schonst.«
Wer mich im Leben kränkt, bewein' nicht meinen Tod.

Ted Hughes
Der Bär

Im riesenhaften, weit offenen, schlafenden Auge
des Berges
Ist der Bär der Schimmer in der Pupille
Bereit zu erwachen
Und sofort scharf zu sehen.

Der Bär leimt
Anfang an Ende
Mit Leim aus Menschenknochen
In seinem Schlaf.

Der Bär gräbt sich
In seinem Schlaf
Durch die Mauer des Universums
Mit dem Femur eines Mannes.

Der Bär ist ein Brunnen
Zu tief zu funkeln
Wo dein Schrei
Eben verdaut wird.

Dar Bär ist ein Fluß
In den Menschen sich zum Trinken beugen
Und ihr totes Selbst sehen.

Der Bär schläft
In einem Königreich von Mauern
In einem Netz von Flüssen.

Er ist der Fährmann
Zu totem Land.

Sein Preis ist alles.

Nordamerikanisches Indianermärchen
Wie der Bärentanz entstand

Vor langen Jahren lebte unter den Arikara-Indianern ein kleiner Junge. Statt mit den anderen Jungen des Lagers zu spielen, blieb er lieber allein und behauptete, ein Bär zu sein. Die übrigen Kinder lachten wohl, denn sie hatten nur sehr vage Vorstellungen von einem Bären und kaum je Gelegenheit, ein solches Tier zu Gesicht zu bekommen. Niemand konnte sich das seltsame Verhalten des Jungen erklären, aber schließlich erinnerte sich der Vater an eine Begebenheit, die vor der Geburt des Jungen geschehen war.

Damals hatte der Vater das Lager verlassen, um mit anderen auf den Kriegspfad zu gehen. Eines Tages, als er durch einen Wald am Fuße der Berge kam, bemerkte er ein Bärenjunges, dessen Mutter wohl auf Futtersuche gegangen war. Er fing das kleine Tier und nahm es auf den Arm. Behutsam streichelte er es und setzte es schließlich wieder auf den Boden, wo es schnüffelnd vor ihm sitzen blieb. Nachdenklich sah der Krieger das Tier an und sprach: »Der Große Geist Ti-ra-wa hat auch dich geschaffen, kleines Tier. Er wird dich behüten. Aber zum Zeichen, daß wir Freunde sind, nimm dies.« Mit diesen Worten löste er seinen Beutel mit dem heiligen Tabak und band ihn dem Tier um den Hals. »Mein Sohn und du, ihr beiden kommt vom Großen Geist. Ich hoffe, daß die Tiere ihm einst so wohlgesinnt sind wie ich dir.« Nachdem er noch eine Weile mit dem Bärenkinde gespielt hatte, setzte er seinen Weg fort.

Ins Lager zurückgekehrt, berichtete er seiner Frau von diesem seltsamen Erlebnis, und als der Sohn geboren wurde, benahm sich dieser ganz wie ein Bärenjunges. Als er heranwuchs, wurde es immer deutlicher, wie sehr er in seinem Wesen einem Bären glich. Oft schlich er sich abseits und versuchte, zu dem Geiste der Bären zu beten, denn er fühlte sich als Bär. Spaßeshalber sagte er wohl zu den anderen Jungen im Lager, daß er sich in einen Bären verwandeln könnte, wenn er nur wollte. Dabei sah er geheimnisvoll drein, so daß die Kinder sich insgeheim wunderten, warum ihr Spielgefährte so anders war.

Nach der Kriegerweihe ging er mit den jungen Männern des Stammes auf die Jagd, nahm an Gefechten mit den benachbarten Komantschen teil, tanzte den Büffeltanz und tat sich bei allem, was er anfing, so hervor, daß er bald als besonders tapfer und erfahren galt. Eines Tages nun, als wieder einmal ein Trupp gegen die verhaßten Komantschen zog, bestimmten die Männer, daß der junge Krieger sie anführen solle.

Noch bevor sie das feindliche Gebiet erreicht hatten, stießen sie auf einen großen Kriegshaufen der Komantschen und mußten sich in eine mit Zedern bestandene Schlucht zurückziehen. Nach verzweifelter Gegenwehr, bei der zahlreiche Komantschen ihr Leben verloren, wurde die kleine Schar überwältigt und bis auf den letzten Mann niedergemacht. Mit den erbeuteten Skalpen ritten die Komantschen davon.

Am Nachmittag des gleichen Tages kamen zwei Bären an die Stelle, wo die Leiche des Anführers lag. Die Bärin erkannte sogleich, daß dies der Junge war, der immer wie ein Bär hatte leben wollen. »Hier ist der Mann, der zu uns gebetet hat!« rief sie. Der zweite Bär aber sprach: »Solange die Sonne scheint, kann ich ihm helfen, denn ich habe große Macht.« Aber das Wetter war trübe, und nur ab und zu erschien die Sonne zwischen den Wolken. Der junge Krieger war außerdem übel zugerichtet, sein Körper war mit Wunden bedeckt, und sein Skalp fehlte. Besorgt beugte sich der Bär über den blutenden Körper. »A-ti-us, Großer Vater, hilf mir! Laß die Sonne scheinen!« Ganz dicht legte er sich an die Leiche, um den toten Körper zu wärmen.

Nach einer Weile begann der junge Krieger zu atmen und sich zu bewegen. Erstaunt schlug er die Augen auf und sah sich um. Der Bär sah ihn zu sich kommen und sagte: »Nicht ich habe dich zum Leben erweckt; ich habe nicht einmal den Gedanken dazu gehabt. Die Bärin dort hat mich um Hilfe gebeten für dich. Und A-ti-us, der Große Vater, hat mir geholfen und die Sonne geschickt. Aber noch bist du nicht gesund. Komm mit und bleibe bei uns, bis du deine Wunden geheilt hast.«

Mühsam schleppten die beiden Bären den Halbtoten in ihre Höhle, die tief versteckt unter einer großen Zeder am Ende der Schlucht gelegen war. Als der junge Arikara wieder die Augen öffnete, gewahrte er zwei junge Bären, mit denen er die Höhle teilte.

Monatelang blieb er bei den Bären, bis alle seine Wunden verheilt waren und er sich wieder kräftig und gesund fühlte. Bald kannte er alle Geheimnisse der Bären, denn keines der Tiere ist so klug und erfahren wie der Bär. Der alte Bär gab sich alle Mühe, den jungen Krieger all das zu lehren, was er wußte, doch jedesmal sagte er dazu: »Ich habe dies Wissen vom Großen Geiste, der mich erschaffen hat. Wohl kann ich dir alles sagen, was ich weiß, aber auch dieses Wissen kommt vom Großen Geist. Glaube nicht, daß ich allein etwas ausrichten kann. Ich will, daß du mit seiner Hilfe ein großer Krieger wirst, und solange du ihn nicht vergißt, wird er immer bei dir sein und dir helfen.«

Als es Zeit war, Abschied zu nehmen und ins Lager zurückzukehren, sprach der Bär: »Kehre zurück, wohin du gehörst, aber vergiß uns nicht. Von nun an sollst du uns nachahmen als dankbares Zeichen, daß du uns nicht vergessen hast. Ich will auch weiterhin für dich sorgen. Wenn ich alt werde, so wirst auch du Runzeln bekommen; und wenn ich sterbe, dann ist auch dein Ende da. Denn von nun an bist du ein Teil von mir. Sieh die Zedern, die der Große Geist geschaffen hat. Vertraue auf sie, denn die bleiben immer jung; selbst im Winter sind sie grün. Der Blitz kann ihnen nichts anhaben, denn sie werden nie getroffen. Trag stets ein Stück von der Zeder bei dir. Bei Gewittern aber verbrenne einen Zedernzweig im Tipi, damit dir nichts geschieht.«

Dann gab der Bär dem jungen Arikara eine Kappe aus

Bärenfell, die dieser statt seines verlorenen Skalpes tragen sollte. »Vergiß nicht den Großen Geist, von dem alles seinen Anfang nimmt. Sein ist der schwarze Meteor, der vom Himmel fiel, und sein ist auch die Zeder, die niemals alt wird. Zeder und Meteor aber sind wie Mutter und Vater.«

Gemeinsam machten sie sich auf den Weg zum Lager der Menschen. Als sie dort ankamen, war es schon dunkel, und nur die Feuer zeigten das Lager an. Da sprach der Bär: »Gehe zu deinem Vater und bringe mir ein Stück Bisonfleisch, eine blaue Wampumperle, etwas heiligen Tabak und eine Adlerfeder.«

Die Arikara waren erstaunt, den jungen Krieger wieder im Lager zu sehen, denn sie hatten alle Hoffnung aufgegeben und geglaubt, daß von dem ganzen Trupp niemand mehr am Leben sei. Der junge Mann nahm die Geschenke für den Bären und ging zurück in die Dunkelheit.

»Es ist Zeit, daß wir uns trennen«, sprach der Bär, »vergiß uns nicht.« Dann legte er seine Tatzen auf die Arme des Kriegers, umarmte ihn, berührte seinen Mund mit seiner Schnauzenspitze und sprach: »Mein Fell hat dich berührt und wird dich groß machen. Meine Arme werden deinen Armen Stärke und Ausdauer geben. Mein Mund wird den deinen Weisheit reden lassen, und du wirst so mächtig werden, wie ich es bin, denn meine Hände haben dich berührt.« Damit verließ er ihn und verschwand in der Nacht.

Der Krieger aber wurde der größte Häuptling, den die Arikara je gehabt haben. Er war stark wie ein Bär und weiser als alle Menschen. Aus Dankbarkeit führte er den Bärentanz ein, den die Arikara noch heute tanzen. Als er viele Jahre lang Häuptling gewesen war, legte er sich eines Tages hin und starb. Die Arikara aber glauben, daß zur gleichen Stunde auch der alte Bär in der Höhle unter der Zeder seinen Geist aufgegeben hat.

James Thurber
Der Bär, der es bleiben ließ

In den Wäldern des fernen Westens lebte einmal ein brauner Bär, der trank gern einen guten Tropfen, konnte es aber auch bleiben lassen. Er ging des öfteren in eine Bar, in der Met ausgeschenkt wurde, von diesem gegorenen Honigsaft nahm er immer nur zwei Becher voll zu sich, niemals mehr. Dann legte er einen Geldschein auf die Theke, sagte: »Fragen Sie mal die Bären im Hinterzimmer, was sie haben wollen«, und ging heim.

Mit der Zeit aber gewöhnte er sich an, von früh bis spät in der Bar zu sitzen und still vor sich hin zu trinken. Wenn er mitten in der Nacht nach Hause gewankt kam, stieß er den Schirmständer um, brachte die Stehlampe zu Fall und rammte die Ellbogen in die Fensterscheiben. Zuletzt plumpste er auf den Fußboden und schlief ein. Seine Frau war tief bekümmert, und seine Kinder ängstigten sich sehr.

Eines Tages erkannte der Bär das Verwerfliche seines Tuns und gelobte Besserung. Er wurde ein berühmter Abstinenzler und predigte unentwegt Mäßigkeit. Jedem, der ins Haus kam, schilderte er die verheerenden Folgen der Trunksucht, und er brüstete sich damit, wie stark und gesund er geworden war, seit er keinen Alkohol mehr anrührte. Um das vor Augen zu führen, machte er Kopfstand, lief auf den Händen, schlug Rad in der Stube, stieß dabei den Schirmständer um, brachte die Stehlampe zu Fall und rammte die Ellbogen in die Fensterscheiben. Zuletzt streckte er sich, ermüdet von seinen gesunden Leibesübungen, auf dem Fußboden aus und schlief ein. Seine Frau war tief bekümmert, und seine Kinder ängstigten sich sehr.

Moral: Man kann ebensogut vornüber fallen wie hintenüber.

Nikolai Leskow
Das Tier

Auch die Tiere vernahmen das heilige Wort.
Lebensbeschreibung des heiligen Vaters Serafim

1

Mein Vater war ein zu seiner Zeit bekannter Untersuchungsrichter. Viele wichtige Prozesse wurden ihm übertragen, und deshalb war er häufig auf Reisen und ließ die Mutter, mich und die Dienstboten allein zu Haus. Mein Mütterchen war damals noch sehr jung, und ich war ein kleiner Knabe.

Zur Zeit des Vorfalls, von dem ich jetzt berichten will, zählte ich nicht mehr als fünf Jahre.

Es war in einem sehr grimmigen Winter. Eine solche Kälte herrschte, daß die Schafe über Nacht in den Ställen erfroren und die Sperlinge und Dohlen erstarrt auf die gefrorene Erde fielen. Mein Vater befand sich zu jener Zeit in dienstlichen Angelegenheiten in Jelez und hatte nicht einmal versprechen können, daß er zum Christfest nach Hause kam. Deshalb schickte sich meine Mutter an, selbst zu ihm zu fahren, damit er an diesem wunderschönen, freudevollen Fest nicht einsam bliebe. Mich nahm die Mutter wegen der entsetzlichen Kälte nicht mit auf die weite Reise, sondern ließ mich bei ihrer Schwester, meiner Tante, zurück, die an einen Orlowsker Gutsbesitzer verheiratet war, der sich eines traurigen Ruhmes erfreute. Er war sehr reich, alt und grausam. Bosheit und Unerbittlichkeit waren die hervorstechendsten Züge seines Charakters, und er bedauerte dies keineswegs, sondern brüstete sich sogar mit diesen Eigenschaften, die seiner Meinung nach ein Ausdruck männlicher Kraft und unbeugsamer Geistesstärke waren.

Er war bestrebt, seine Kinder zu derselben Männlichkeit und Härte zu erziehen.

Alle fürchteten den Onkel, und ich fürchtete ihn am allermeisten, weil er auch in mir ›Männlichkeit entwickeln‹ wollte und mich einmal während eines entsetzlichen Gewitters, vor dem ich dreijähriger Knirps Angst hatte, allein auf den Balkon gesperrt und die Tür verschlossen hatte, um mir durch diese Lektion die Furcht vor dem Gewitter auszutreiben.

Es ist verständlich, daß ich nur ungern und mit nicht geringer Angst im Hause eines solchen Wirtes zu Gast war, aber wie gesagt, ich war damals erst fünf Jahre alt, und meine Wünsche wurden angesichts so zwingender Umstände nicht berücksichtigt.

2

Auf dem Gut meines Onkels befand sich ein riesiges steinernes Gebäude, das einem Schloß ähnlich sah. Es war ein anspruchsvolles, aber unschönes, ja sogar abstoßendes, zweistöckiges Bauwerk mit einer runden Kuppel und einem Turm, von dem man sich grauenhafte Dinge erzählte. Dort hatte einst der wahnsinnige Vater des jetzigen Gutsbesitzers gelebt, später wurden seine Zimmer als Apotheke eingerichtet. Auch dieser Umstand flößte den Leuten Grauen ein, aber am unheimlichsten war doch, daß oben im Turm in einem leeren Bogenfenster Saiten gespannt waren, so daß das Fenster einer Äolsharfe glich. Wenn der Wind durch die Saiten dieses eigenwilligen Instrumentes strich, gab es ebenso unerwartete wie seltsame Töne von sich, die von einem leisen, tiefen Surren in ein unruhiges disharmonisches Stöhnen und rasendes Getöse übergingen, als flöge ein ganzes Heer von Furcht gejagter Geister hindurch.

Keiner im Hause liebte diese Harfe, und alle glaubten, sie habe dem schrecklichen Herrn des Gebäudes etwas zu sagen, worauf er nichts zu erwidern wage, und deshalb werde er immer unbarmherziger und grausamer. Man hatte schon häufig bemerkt, daß in jenen Nächten, in denen der Sturm wütete und die Harfe auf dem Turm so laut ertönte, daß die Klänge über den Park und die Teiche hinweg bis ins Dorf drangen, der Herr nicht schlief und am Morgen mit düsterer, strenger Miene aufstand und einen seiner grausamen Befehle erteilte, der die Herzen seiner zahlreichen Knechte erbeben ließ.

Es gehörte zu den Gewohnheiten des Hauses, daß keinem jemals eine Schuld verziehen wurde. Das war eine Regel, von der es keine Ausnahme gab, ob es sich nun um einen Menschen, um ein Tier oder um das winzigste Lebewesen handelte. Der Onkel wollte von Barmherzigkeit nichts wissen und schätzte sie nicht; denn er hielt sie für Schwäche. Unbeugsame Strenge erschien ihm höher als jegliche Nachsicht.

Deshalb herrschte in diesem Hause und in all den ausgedehnten Dörfern, die dem reichen Gutsherrn gehörten, stets trostlose Niedergeschlagenheit, die von den Menschen auch auf die Tiere überging.

3

Mein seliger Onkel war ein leidenschaftlicher Liebhaber der Hetzjagd. Mit seinen Windhunden pflegte er Wölfe, Hasen und Füchse zu hetzen. In seinem Zwinger hatte er aber auch ganz besondere Hunde, die sogar Bären stellten. Man nannte sie ›Blutegel‹, weil sie sich so in das Tier verbissen, daß es unmöglich war, sie von ihm loszureißen. Es kam vor, daß ein Bär, in den ein Blutegel seine Zähne geschlagen hatte, ihn mit einem Hieb seiner fürchterlichen

Tatze tötete oder in Stücke riß, aber es kam niemals vor, daß ein Blutegel lebend von dem Tier abließ.

Heute, da man Bären nur noch auf Treibjagden oder mit dem Jagdspieß erlegt, scheint die Rasse der Blutegelhunde in Rußland völlig ausgestorben zu sein, aber zu jener Zeit, von der ich erzähle, fehlten sie in keiner großen, gut zusammengestellten Koppel. Bären waren damals in unserer Gegend auch nicht selten, und die Jagd auf sie gehörte zu den größten Vergnügen.

Gelang es einmal, ein ganzes Bärenlager auszuheben, so holte man die kleinen Bären aus der Höhle und brachte sie nach Hause. Sie wurden gewöhnlich in einen großen gemauerten Stall gesperrt, in dem nur unmittelbar unter dem Dach kleine Fenster angebracht waren. Diese Fenster hatten keine Scheiben, sondern waren nur mit dicken Eisengittern versehen. Die Bärlein pflegten aufeinanderzukrabbeln, bis zu den Fenstern hinaufzuklettern und sich mit ihren griffigen Tatzen und Krallen an dem Eisen festzuklammern. Nur auf diese Weise konnten sie aus ihrem Kerker in die freie Gotteswelt hinausschauen.

Wenn man uns vor dem Mittagessen spazierenführte, gingen wir am liebsten zu diesem Stall und betrachteten die hinter dem Gitter aufgereihten drolligen Bärenschnäuzchen. Unser deutscher Hauslehrer Kolberg verstand es, ihnen ein Stück Brot, das wir zu diesem Zweck von unserem Frühstück absparten, auf der Spitze eines Stockes hinaufzureichen.

Die Bären betreute und fütterte ein junger Bursche mit Namen Ferapont. Weil es dem einfachen Volk schwerfiel, diesen Namen auszusprechen, rief man ihn Chrapon oder noch öfter Chraposchka. Ich kann mich seiner gut erinnern: Chraposchka war ein sehr geschickter, kräftiger, kühner Bursche von mittlerer Größe und zählte etwa fünfundzwanzig Jahre. Er galt für einen hübschen Burschen, hatte er doch ein zartes Gesicht, rote Wangen, schwarze Locken und große, ebenfalls schwarze, etwas vorstehende Augen. Zudem war er ungewöhnlich mutig. Seine Schwester Annuschka diente als Kindermädchen auf dem Gutshof und erzählte uns die merkwürdigsten Dinge von der Kühnheit ihres verwegenen Bruders sowie von seiner ungewöhnlichen Freundschaft mit den Bären, mit denen er winters wie sommers im Stalle schlief, wobei sie sich um ihn herum lagerten und die Köpfe wie auf ein Kissen auf ihn legten.

Vor dem Haus meines Onkels lag ein großes, rundes, von einem bemalten Gitter eingefaßtes Blumenbeet. Dahinter erhob sich ein breites Tor, und diesem Tor gegenüber hatte man inmitten eines Blumenbeetes einen hohen, geraden, glattgehobelten Stamm eingegraben, den man den ›Mastbaum‹ nannte. Auf der Spitze dieses Mastes hatte man ein kleines Gerüst oder, wie man sagte, eine ›Laube‹ angebracht.

Von den gefangenen Bären pflegte man einen besonders ›klugen‹ auszuwählen, der sich als verständig und zuverlässig erwiesen hatte. Dieser wurde von seinen Brüdern getrennt und durfte in der Freiheit leben, das heißt, er konnte auf dem Hof und im Park umherspazieren, vor allem aber mußte er am Pfosten vor dem Tor Wache stehen. Hier verbrachte er einen großen Teil des Tages, wobei er sich entweder unmittelbar am Mast auf Stroh legte oder bis zu der Laube hinaufkletterte und hier saß und schlief, ohne daß zudringliche Menschen oder Hunde ihn belästigen konnten.

Solch ein freies Leben wurde nicht allen Bären gewährt, sondern nur einigen, die besonders klug und zahm waren, und auch diesen nicht fürs ganze Leben, sondern nur, solange sich ihre tierischen, im Zusammenleben mit anderen Geschöpfen unbequemen Instinkte nicht regten, solange sie sich friedlich verhielten und weder Hühner noch Gänse und Kälbchen noch einen Menschen anrührten.

Ein Bär, der die Ruhe der Gutsbewohner störte, wurde unverzüglich zum Tode verurteilt, und vor der Vollstrekkung dieses Urteils konnte ihn nichts auf der Welt bewahren.

4

Es war das Amt Chraposchkas, den ›verständigsten‹ Bären auszuwählen. Da er am meisten mit den Bären umging und als großer Kenner ihrer Wesensart galt, war es verständlich, daß man ihn mit dieser Aufgabe betraut hatte. Chrapon war auch verantwortlich, wenn er eine schlechte Auswahl traf. Doch sogleich das erste Mal hatte er für diese Rolle einen erstaunlich geeigneten, klugen Bären gewählt, der einen ungewöhnlichen Namen trug. In Rußland nennt man Bären gewöhnlich ›Mischka‹, aber dieser hörte auf den spanischen Namen ›Sganarell‹. Schon fünf Jahre hatte er in der Freiheit verbracht und noch keinen einzigen ›Streich‹ verübt. Wenn man von einem Bären sagte, er ›mache Streiche‹, so bedeutete das, daß sich bei irgendeiner Gelegenheit seine tierische Natur geregt hatte.

Dann wurde der ›Taugenichts‹ zunächst in die ›Grube‹ gesetzt, die man auf einem weiten Feld zwischen der Tenne und dem Wald angelegt hatte. Nach einiger Zeit ließ man ihn heraus auf das Feld (er kletterte selbst auf *einem Balken* nach oben), und dort hetzte man ihn mit ›jungen Blutegeln‹, den halbwüchsigen jungen Bärenhunden. Waren die jungen Hunde noch nicht gewandt genug, um ihn zu stellen, und bestand die Gefahr, daß das Tier in den Wald entfloh, so warfen sich zwei der besten Jäger, die in einem Hinterhalt lauerten, mit einer auserlesenen, erfahrenen Meute auf ihn und machten der Sache ein schnelles Ende.

Waren aber die Hunde so ungeschickt, daß es dem Bären

gelang, sich zur ›Insel‹, das heißt zu dem Wald, durchzuschlagen, der in das ausgedehnte Waldgebiet von Brjansk übergeht, so trat ein eigens bereitgestellter Schütze mit einem langen, schweren Kuchenreuterschen Stutzen hervor, zielte auf einer Gabelstütze und sandte dem Bären die tödliche Kugel nach.

Es war noch niemals vorgekommen, daß ein Bär all diesen Gefahren entronnen war, und der Gedanke war fürchterlich, daß dies einmal geschehen könnte: dann hätte alle Schuldigen eine tödliche Bestrafung erwartet.

5

Die Klugheit und Zuverlässigkeit Sganarells hatten bewirkt, daß das geschilderte Vergnügen einer Bärenhinrichtung schon fünf Jahre nicht mehr stattgefunden hatte. In dieser Zeit war Sganarell gewachsen und ein großer Bär von ungewöhnlicher Stärke, Schönheit und Geschicklichkeit geworden. Er zeichnete sich durch eine runde, stumpfe Schnauze und einen ziemlich schlanken Körperbau aus, wodurch er mehr einem riesigen Pinscher oder Pudel als einem Bären glich. Sein Hinterteil war etwas schmächtig und von kurzem, glänzendem Fell überzogen, aber die Schultern waren stark entwickelt und mit langen, zottigen Haaren bedeckt. Sganarell war auch so klug wie ein Pudel und konnte einige für ein Tier seiner Art sehr bemerkenswerte Kunststücke. So konnte er sich zum Beispiel ausgezeichnet und mühelos auf den Hinterbeinen vorwärts und rückwärts bewegen, verstand die Trommel zu schlagen, mit einem langen Stock umherzumarschieren, der wie ein Gewehr hergerichtet war, schleppte gern, ja sogar mit dem größten Vergnügen den Bauern die schwersten Säcke nach der Mühle und setzte sich mit eigenartigem Schick einen hohen, spitzen Männerhut mit einer Pfauenfeder und einem Strohbüschel, das den Federbusch ersetzte, auf den Kopf.

Aber auch für Sganarell schlug die verhängnisvolle Stunde, auch über ihn behauptete die tierische Natur ihr Recht. Kurz vor meiner Ankunft im Hause des Onkels hatte der friedliche Sganarell sich plötzlich mehrere Vergehen zuschulden kommen lassen, von denen eines immer schwerer als das andere wog.

Die Reihenfolge von Sganarells Verbrechen war die gleiche wie bei all seinen Vorgängern. Als Erstlingsstück hatte er einer Gans den Flügel abgerissen, dann hatte er die Tatze auf den Rücken eines zur Mutter flüchtenden Ferkels gelegt und ihm das Rückgrat zerbrochen, und endlich hatten Sganarell ein blinder Greis und sein Führer mißfallen, er hatte sie im Schnee gewälzt und ihnen dabei Arme und Beine zerquetscht.

Den Blinden und seinen Führer brachte man ins Krankenhaus, und Chrapon erhielt den Befehl, Sganarell abzuführen und in die Grube zu setzen, aus der es nur einen Ausweg gab, *zur Hinrichtung*.

Als Anna mich und meinen gleichaltrigen Vetter am Abend auskleidete, erzählte sie uns, daß sich bei der Überführung Sganarells in die Grube die rührendsten Szenen abgespielt hätten. Chrapon hatte Sganarell nicht den üblichen schmerzhaften Ring durch die Schnauze gezogen und nicht die geringste Gewalt gegen ihn angewandt, sondern nur gesagt: »Komm mit mir, Tier.«

Der Bär war aufgestanden und mitgegangen, und es wirkte ungemein drollig, daß er seinen Hut mit dem Strohbüschel aufgesetzt und Chraposchka den ganzen Weg bis zur Grube eng umschlungen gehalten hatte, als wären sie zwei Freunde.

Sie waren ja auch wirklich Freunde.

6

Chrapon hatte großes Mitleid mit Sganarell, aber er konnte ihm in keiner Weise helfen. Ich erinnere daran, daß dort, wo diese Geschichte sich zutrug, niemals jemandem ein Vergehen verziehen wurde. Da Sganarell sich kompromittiert hatte, mußte er für seine Streiche unbedingt mit einem grausamen Tode büßen.

Die Hetzjagd war als Nachmittagsvergnügen für die Gäste angesetzt worden, die sich gewöhnlich zum Weihnachtsfest im Hause meines Onkels versammelten. Die Anordnungen zu dieser Jagd wurden zur selben Zeit getroffen, da Chrapon den Befehl erhielt, den schuldigen Sganarell abzuführen und in die Grube zu sperren.

7

Den Bären in die Grube zu sperren war eine ziemlich einfache Angelegenheit. Die Luke oder Öffnung der Grube pflegte man mit leichtem, über morsche Stangen gebreitetem Reisig zu überdecken und mit Schnee zu verschütten. Diese Tarnung war nötig, damit der Bär die ihm bereitete trügerische Falle nicht vorzeitig bemerkte. Das gehorsame Tier wurde bis zu dieser Stelle geführt und dann gezwungen, voranzugehen. Es machte einen Schritt oder zwei und stürzte unversehens in die tiefe Grube, aus der herauszukommen unmöglich war. Hier saß dann der Bär, bis die Zeit seiner Hetzjagd gekommen war. Dann ließ man einen etwa sieben Ellen langen Balken schräg in die Grube hinab, und der Bär kletterte auf diesem Balken ins Freie. Dann begann die Hetz. Witterte das scharfsinnige Tier Unheil und wollte nicht herauskommen, wurde es dazu gezwungen, indem man es mit langen Stangen stach, an deren Enden scharfe eiserne Zwingen saßen, brennendes Stroh in die Grube warf oder aus Gewehren und Pistolen mit Platzpatronen auf das Tier schoß.

Nachdem Chrapon Sganarell auf die eben beschriebene Weise abgeführt und in Arrest gesetzt hatte, war er selber sehr niedergeschlagen und bekümmert nach Hause zurückgekehrt. Zu seinem Unglück erzählte er seiner Schwester, wie ›zärtlich‹ das Tier zu ihm gewesen war und wie es sich, als es durch das Reisig in die Grube stürzte, dort auf den Boden gesetzt, die Vorderpfoten wie Hände gefaltet und gestöhnt hatte, als ob es weinte.

Chrapon gestand Anna, daß er im Laufschritt von der Grube hinweggeeilt war, um das klägliche Stöhnen Sganarells nicht länger zu hören; denn dieses Stöhnen war zu qualvoll und unerträglich für sein Herz.

»Gott sei Dank«, fügte er hinzu, »daß nicht ich, sondern andere Menschen den Befehl haben, auf ihn zu schießen, wenn er fliehen will. Würde mir dies befohlen, dann wollte ich lieber selbst alle nur möglichen Qualen auf mich nehmen, aber auf ihn schießen würde ich um nichts in der Welt.«

8

Anna erzählte uns dies alles, wir erzählten es unserem Hauslehrer Kolberg, und Kolberg berichtete es meinem Onkel, den er mit irgend etwas unterhalten wollte. Jener hörte sich das Ganze an und sagte: »Ein braver Bursche, dieser Chraposchka«, dann klatschte er dreimal in die Hände.

Das bedeutete, daß der Onkel seinen Kammerdiener Ustin Petrowitsch zu sehen wünschte, einen Greis, der im Jahre 1812 als französischer Gefangener zurückgeblieben war.

Ustin Petrowitsch, oder eigentlich Justin, erschien in seinem reinlichen Frack mit den silbernen Knöpfen, und der Onkel teilte ihm mit, daß er für die morgige Hetzjagd auf Sganarell als Schützen Flegont, einen berühmten Schützen, der noch nie einen Fehlschuß getan, und als zweiten Chraposchka ausersehen habe. Offenbar wollte sich der Onkel an dem schweren Kampf der widerstrebenden Gefühle des armen Burschen ergötzen. Wenn Chrapon nicht auf Sganarell schoß oder absichtlich danebenzielte, so würde ihm das natürlich teuer zu stehen kommen, Sganarell aber würde von einem zweiten Schuß Flegonts, der niemals einen Fehlschuß tat, getötet werden.

Ustin verbeugte sich und ging hinaus, um den Befehl weiterzugeben. Wir Kinder aber begriffen, daß wir Unheil angerichtet hatten und daß etwas Entsetzliches im Anzug war, von dem nur Gott allein wußte, wie es enden würde. Nach diesem Vorfall vermochten wir weder dem Weihnachtsmahl, das, da es Abend- und Mittagessen zugleich war, ziemlich spät eingenommen wurde, Geschmack abzugewinnen, noch hatten wir an dem Eintreffen der Gäste, unter denen auch einige Kinder waren, rechte Freude.

Wir hatten Mitleid mit Sganarell und Mitleid mit Ferapont und konnten nicht entscheiden, welchen von beiden wir am meisten bedauerten.

Wir beide, das heißt mein gleichaltriger Vetter und ich, warfen uns lange in unseren Bettchen umher. Erst spät schliefen wir ein, wurden von schlimmen Träumen geplagt und schrien des öfteren auf, weil uns beiden im Traum der Bär erschien. Und als die Kinderfrau uns mit dem Hinweis beruhigen wollte, wir brauchten den Bären doch nicht mehr zu fürchten, weil er jetzt in der Grube säße und morgen getötet würde, bemächtigte sich meiner eine noch größere Erregung.

Ich fragte sogar die Kinderfrau, ob ich nicht für Sganarell beten dürfe. Aber eine solche Frage überstieg das religiöse Verständnis der Alten, und sie antwortete gähnend und ein Kreuz über den Mund schlagend, daß sie das wirklich nicht wisse, weil sie niemals den Geistlichen danach gefragt habe, daß aber der Bär auch ein Geschöpf Gottes und mit Noah in der Arche gewesen sei.

Die Erwähnung der Arche Noah erweckte in mir den Gedanken, daß Gott Seine grenzenlose Barmherzigkeit wohl nicht nur auf Menschen, sondern auch auf Seine übrigen Geschöpfe ausdehnen könne, und voll kindlichen Glaubens kniete ich in meinem Bettchen, barg das Gesicht in den Kissen und bat die göttliche Majestät, durch meine glühende Bitte nicht beleidigt zu sein und Sganarell zu verschonen.

9

Der Weihnachtstag war gekommen. Festlich gekleidet gingen wir mit unseren Hauslehrern und Kinderfrauen hinunter zum Tee. Im Saal war außer den zahlreichen Verwandten und Gästen auch die Geistlichkeit versammelt: der Priester, der Diakonus und zwei Küster.

Als der Onkel eintrat, stimmte der Geistliche das ›Christ ist geboren‹ an. Dann gab es Tee, gleich darauf ein kleines Frühstück und bereits um zwei Uhr das Feiertagsmahl. Sofort nach dem Mittagessen sollte zur Jagd auf Sganarell aufgebrochen werden. Man durfte nicht länger zögern; denn zu dieser Jahreszeit wurde es zeitig finster, und in der Dunkelheit zu jagen war unmöglich, weil dann der Bär leicht außer Sicht geraten und entfliehen konnte.

Alles vollzog sich wie vorherbestimmt. Gleich nach Tisch führte man uns zum Umkleiden für die Jagd auf Sganarell. Man zog uns unsere Hasenpelze an und zottige Stiefel mit runden Sohlen, die aus Ziegenwolle gestrickt waren, und dann setzte man uns in die Schlitten. An der

Anfahrt zu beiden Seiten des Hauses stand schon eine Menge langer, großer dreispänniger Schlitten, die mit gestickten Teppichen bedeckt waren, und zwei Stallburschen hielten den englischen Reitfuchs meines Onkels, die ›Modedame‹, am Zaum.

Der Onkel trat in seinem kurzen Fuchspelz und einer spitzen Mütze aus demselben Pelz aus dem Haus, und kaum saß er im Sattel, über den ein schwarzes Bärenfell mit Brust- und Schweifriemen gebreitet lag, das mit Türkisen und ›Schlangenköpfen‹ geschmückt war, als sich der ganze riesige Zug in Bewegung setzte. Nach zehn oder fünfzehn Minuten waren wir schon am Jagdort angelangt und richteten uns in einem Halbkreis aus. Alle Schlitten wurden schräg zu dem weiten, ebenen, schneebedeckten Feld aufgestellt, das von einer Kette berittener Jäger umgeben war und in der Ferne von Wald begrenzt wurde.

Unmittelbar am Wald hatte man hinter Sträuchern Verstecke und Hinterhalte angelegt. Dort mußten sich Flegont und Chraposchka befinden.

Diese Verstecke waren nicht zu erkennen. Einige Eingeweihte machten uns jedoch auf die kaum bemerkbaren Gabeln aufmerksam, auf die gestützt die Schützen auf Sganarell zielen und schießen sollten.

Die Grube, in der der Bär saß, war ebenfalls nicht zu erkennen, und wir wandten daher unsere Aufmerksamkeit unwillkürlich den schmucken Reitern zu, über deren Schultern verschiedenartige schöne Waffen hingen: schwedische Strabusen, deutsche Morgenraths, englische Mortimergewehre und Warschauer Kolletts.

Der Onkel hielt zu Pferde vor der Kette. Man gab ihm die Leine von zwei zusammengekoppelten bösartigen Blutegeln in die Hand und legte vor ihn auf den Bogen des Sattels ein weißes Tuch.

Die jungen Hunde, um deren praktischer Ausbildung willen der schuldbeladene Sganarell sterben sollte, waren sehr zahlreich vertreten. Alle führten sich äußerst selbstbewußt auf, zeigten heftige Ungeduld und Mangel an Ausdauer. Sie winselten, bellten und sprangen so zwischen den Pferden hin und her, daß ihre Koppeln sich verfingen. Die uniformierten Piqueurs hoch zu Roß knallten ununterbrochen mit den Hetzpeitschen, um die jungen, vor Ungeduld außer Rand und Band geratenen Hunde zum Gehorsam zu bringen. In allen brannte das Verlangen, sich auf das Tier zu stürzen, dessen Nähe die Hunde natürlich durch ihre feine, angeborene Witterung schon längst entdeckt hatten.

Die Zeit, Sganarell aus der Grube herauszulassen und ihn dem Zerfleischen preiszugeben, war gekommen.

Der Onkel winkte mit dem auf seinem Sattel liegenden weißen Tuch und rief: »Los!«

10

Aus dem Jägerhaufen, der den Hauptstab des Onkels bildete, lösten sich etwa zehn Mann und schritten querfeldein.

Nach ungefähr zweihundert Schritten blieben sie stehen und zogen unter dem Schnee einen langen, nicht allzu starken Balken hervor, den wir bis zu diesem Augenblick aus der Ferne nicht hatten sehen können.

Dies spielte sich unmittelbar an der Grube ab, in der Sganarell saß, aber auch sie war von unserem entfernten Standpunkt aus nicht zu erkennen.

Man hob den Balken auf und ließ das eine Ende sogleich in die Grube hinab. Der Balken wurde so schräg hineingelegt, daß das Tier ohne Mühe wie auf einer Treppe auf ihm herausklettern konnte.

Das andere Ende des Balkens ruhte auf dem Rand der Grube und ragte um eine Elle über diese hinaus.

Aller Augen waren auf diese Vorbereitungen gerichtet, die den spannenden Moment immer näher brachten. Man erwartete, Sganarell werde sogleich im Freien erscheinen; aber er hatte augenscheinlich verstanden, was auf dem Spiel stand, und dachte nicht daran, herauszukommen.

Die Jäger warfen ihn mit Schneebällen und stachen ihn mit spitzen Stangen, man hörte ein Brüllen, aber das Tier kam nicht aus der Grube heraus. Mehrere blinde Schüsse wurden auf die Grube abgefeuert, Sganarell brüllte noch ärger, zeigte sich aber nicht.

Da flog im Galopp von irgendwo hinter der Kette eine einfache, von einem Pferd gezogene Mistkarre heran, auf der ein Haufen trockenes Roggenstroh lag.

Das Pferd war groß und hager und gehörte zu denen, die nur noch das Futter von der Tenne fahren, aber trotz seines Alters und seiner Magerkeit flog es mit erhobenem Schweif und gesträubter Mähne dahin. Es war schwer zu entscheiden, ob seine jetzige Munterkeit ein Rest der früheren jugendlichen Verwegenheit war oder die Folge der Furcht und Verzweiflung, die die Nähe des Bären dem alten Pferd einflößte. Das letzte war wohl wahrscheinlicher; denn das Pferd war nicht nur mit einer eisernen Kandare aufgezäumt, sondern außerdem mit einer Leine, die in seine altersgrauen Lefzen schnitt und sie schon bis aufs Blut aufgerieben hatte. Es raste dahin und versuchte verzweifelt auszubrechen, so daß der Stallbursche ihm den Kopf mit der Leine nach oben riß und ihm mit der anderen Hand erbarmungslos eine dicke Peitsche überzog.

Aber wie dem auch sei, das Stroh wurde in drei Haufen geteilt, angezündet und gleichzeitig von drei Seiten in die Grube gestoßen. Von der Flamme blieb nur die Stelle verschont, an der der Balken lehnte.

Ein ohrenbetäubendes, rasendes Brüllen ertönte, in dem ein Stöhnen mitzuklingen schien, aber der Bär zeigte sich nicht.

Ein Gerücht gelangte bis zu unserer Kette, Sganarell sei ganz ›versengt‹, bedecke die Augen mit den Tatzen und habe sich in einem Winkel flach auf die Erde gelegt, so daß man ›ihn nicht berühren könne‹.

Das Arbeitspferd mit den zerschnittenen Lefzen raste im Galopp wieder nach hinten. Alle glaubten, es solle eine neue Fuhre Stroh herbeibringen. Unter den Zuschauern wurde ein vorwurfsvolles Gemurmel laut: Weshalb hatten die Jagdordner nicht früher daran gedacht, genügend Stroh aufzustapeln? Der Onkel wurde zornig und schrie etwas, das ich wegen der sich jetzt überall erhebenden Unruhe der Leute, dem sich immer mehr verstärkenden Winseln der Hunde und dem Knallen der Hetzpeitschen nicht verstand.

Aber in all dem lag doch eine gewisse Stimmung und eine eigene Harmonie. Das Arbeitspferd jagte schon wieder keuchend und nach allen Seiten ausschlagend zur Grube zurück, führte aber jetzt kein Stroh mit sich, sondern auf dem Schlitten saß Ferapont.

Der zornige Befehl des Onkels hatte darin bestanden, daß man Chraposchka in die Grube hinunterlassen sollte, damit er *selbst* seinen Freund zur Hetzjagd herausführte . . .

11

Und da war Ferapont an Ort und Stelle. Er schien sehr erregt, handelte aber sicher und entschlossen. Ohne sich im geringsten dem Befehl seines Herrn zu widersetzen, nahm er vom Schlitten einen Strick, mit dem man das vor kurzem herbeigebrachte Stroh zusammengebunden, und legte das eine Ende dieses Strickes um eine Einkerbung im oberen Teil des Balkens. Das andere Ende nahm er fest in die Hand und ließ sich, auf dem Balken stehend, in die Grube hinab ...

Das fürchterliche Gebrüll Sganarells verstummte und ging in ein dumpfes Brummen über.

Es klang, als beklage sich das Tier bei seinem Freund über die grausame Behandlung, die ihm von den Menschen zuteil wurde. Dann ließ auch das Brummen nach, und völlige Stille trat ein.

»Er umarmt und leckt Chraposchka!« rief einer der Leute, die an der Grube standen.

Von den Zuschauern, die in den Schlitten untergebracht waren, seufzten einige auf, andere runzelten die Stirn.

Vielen tat der Bär bereits leid, und von seiner Hetzjagd versprachen sie sich offensichtlich kein großes Vergnügen. Der flüchtige Eindruck wurde plötzlich durch ein neues Ereignis vertieft, das noch unerwarteter war und noch heftigere Rührung erweckte.

Wie aus der Unterwelt tauchte aus der Öffnung der Grube der Lockenkopf Chraposchkas mit der runden Jägermütze auf. Er kletterte auf dieselbe Weise ins Freie, wie er hinuntergestiegen war, das heißt, er setzte auf dem Balken einen Fuß vor den anderen und zog sich dabei an dem außen fest verknoteten Strick nach oben. Aber Ferapont kam *nicht allein* heraus: In enger Umarmung mit ihm, die große, zottige Tatze auf seine Schulter gelegt, stieg Sganarell heraus ... Der Bär war schlechter Laune und sah recht jämmerlich aus. Erschöpft und abgezehrt, wohl weniger von körperlichen Leiden als von der schweren moralischen Erschütterung, erinnerte er auffallend an König Lear. Seine blutunterlaufenen Augen funkelten in Zorn und Empörung, und Mißtrauen lag in seinem Blick. Wie Lear war auch er zerzaust, stellenweise versengt, und hier und da hafteten Strohhalme in seinem

Fell. Zu alledem hatte sich Sganarell durch einen merkwürdigen Zufall wie jener unglückliche Märtyrer auch eine Art Dornenkrone bewahrt. Vielleicht aus Liebe zu Ferapont, vielleicht auch rein zufällig, hatte er die Mütze unter den Arm geklemmt, mit der Chraposchka ihn einst ausgestattet und mit der wiederum Chraposchka gegen seinen Willen Sganarell in die Grube gestoßen hatte. Der Bär hatte diese Freundesgabe aufbewahrt, und jetzt, da sein Herz in der Umarmung seines Freundes für einen Augenblick Ruhe fand, zog er, sowie er wieder auf der Erde stand, die arg zerdrückte Mütze unter dem Arm hervor und setzte sie sich auf den Scheitel.

Dieser sonderbare Einfall belustigte viele, anderen dagegen bereitete der Anblick Qual. Einige wendeten sich sogar ab, um das Tier, dessen schlimmes Ende nun so nahe bevorstand, nicht länger sehen zu müssen.

12

Während sich dies alles zutrug, heulten die Hunde, zerrten an den Leinen und schienen jeglichen Gehorsam vergessen zu haben. Selbst die Hetzpeitsche hatte keine nachdrückliche Wirkung mehr auf sie. Als die jungen Hunde und die alten Blutegel Sganarell erblickten, erhoben sie sich auf die Hinterpfoten und heulten und keuchten, daß sie fast in ihren weißgegerbten Halsriemen erstickten. Währenddessen jagte Chraposchka schon wieder auf dem Schlitten zu seinem Versteck im Walde. Sganarell war allein und zerrte ungeduldig an der Tatze, um die sich zufällig der von Chraposchka weggeworfene, an dem Balken befestigte Strick geschlungen hatte. Das Tier wollte ihn offenbar möglichst schnell entwirren oder abreißen und seinem Freund nachlaufen, aber ein Bär, und sei er noch so verständig, hat doch immer nur die Geschicklichkeit eines

Bären, und so löste Sganarell nicht die Schlinge, sondern zog sie nur immer enger um seine Tatze.

Als er sah, daß die Sache nicht nach Wunsch ging, zerrte er an dem Strick, um ihn zu zerreißen, aber der Strick war fest und riß nicht, nur der Balken sprang in die Höhe und stand senkrecht in der Grube. Während sich Sganarell danach umschaute, drangen zwei Blutegel, die man in diesem Augenblick losgekoppelt hatte, auf ihn ein, und der eine schlug noch im Sprung seine scharfen Zähne in Sganarells Nacken.

Sganarell war so sehr mit dem Strick beschäftigt gewesen, daß er darauf nicht gefaßt und im ersten Augenblick über eine solche Frechheit weniger erzürnt als verwundert war. Aber nach einer halben Sekunde, als der eine Blutegel etwas locker ließ, um sich noch tiefer zu verbeißen, holte er mit der Tatze aus und schleuderte ihn mit zerfetztem Leib weit von sich fort. Die herausquellenden Eingeweide röteten den Schnee, und im selben Augenblick wurde der andere Hund durch die Hintertatze niedergeschmettert ...

Am fürchterlichsten und unerwartetsten war jedoch, was mit dem Balken geschah. Als Sganarell die gewaltsame Bewegung mit der Tatze vollführte, um die sich in ihn verbeißenden Blutegel abzuschütteln, riß er durch dieselbe Bewegung den fest an den Strick geknoteten Balken aus der Grube heraus, und der Balken sauste waagerecht durch die Luft. Als der Strick angespannt wurde, kreiste der Balken um Sganarell wie um seine Achse, riß mit dem einen Ende den Schnee auf und legte bei der ersten Umdrehung nicht etwa nur zwei oder drei, sondern ein ganzes Rudel herbeieilender Hunde um und zerschmetterte sie. Die einen winselten und wühlten sich mit den Pfoten aus dem Schnee heraus, die anderen blieben regungslos liegen, so wie sie hingeschleudert waren.

Entweder war das Tier klug genug, um zu verstehen, welch ausgezeichnete Waffe sich in seinem Besitz befand, oder der Strick schnitt schmerzhaft in seine Tatze, auf jeden Fall brüllte es auf, packte den Strick mit der Pfote und schwang den Balken so herum, daß er sich erhob, eine horizontale Linie mit der Tatze bildete, die den Strick hielt, und wie ein stark aufgezogener, riesiger Kreisel surrte. Alles, was in seinen Bereich geriet, mußte unvermeidlich in Trümmer zerschlagen werden. Wenn aber der Strick sich an irgendeiner Stelle als schadhaft erwies und riß, dann mußte der Balken davonfliegen, Gott weiß, bis zu welcher Entfernung, und bei seinem Flug unvermeidlich alles Lebendige zerschmettern, auf das er traf.

Wir alle, Menschen, Pferde und Hunde in der ganzen Linie und Kette, schwebten in furchtbarer Gefahr, und um sein Leben zu erhalten, wünschte natürlich jeder, der Strick, an dem Sganarell seine riesige Schleuder kreisen ließ, sei fest. Aber welches Ende würde dies trotz allem nehmen? Außer einigen Jägern und den beiden Schützen, die in den verborgenen Gruben am Waldrand saßen, verspürte keiner mehr Lust, auf dieses Ende zu warten. Alle Zuschauer, das heißt, alle Gäste und Familienmitglieder des Onkels, die zu dieser Unterhaltung gekommen waren, fanden an dem Vorgang nicht das geringste Vergnügen mehr. Voll Entsetzen befahlen alle ihren Kutschern, so schnell wie möglich den gefährlichen Ort zu verlassen, und jagten in entsetzlicher Unordnung, sich drängend und einander überholend, dem Hause zu.

Bei der eiligen, ungeordneten Flucht gab es mehrere Zusammenstöße, mehrere Stürze, hie und da ein wenig Gelächter und überall ein großes Entsetzen. Den aus dem Schlitten Gefallenen schien es, als hätte sich der Balken von dem Strick gerissen, flöge pfeifend über ihre Köpfe hinweg und das rasende Tier jage ihnen nach.

Die Gäste, die das Haus erreichten, konnten in ihre Zimmer gehen und sich erholen, aber die wenigen, die am Jagdort geblieben waren, erlebten ein noch weitaus schrecklicheres Schauspiel.

14

Es war also unmöglich, die Hunde noch einmal auf Sganarell zu hetzen; denn mit diesem fürchterlichen Balken bewaffnet, konnte er die größte Menge Hunde besiegen, ohne selbst den geringsten Schaden zu nehmen. Doch unterdessen rückte der Bär, seinen Balken schwingend und sich selbst mit ihm drehend, geradewegs nach dem Walde vor, wo ihn in dem Versteck, in dem Ferapont und der nie fehlschießende Flegont saßen, der sichere Tod erwartete.

Eine wohlgezielte Kugel konnte alles schnell und sicher beenden. Aber ein seltsames Geschick beschützte Sganarell und wollte offenbar das Tier, in dessen Angelegenheit es sich einmal gemischt, um jeden Preis erretten.

Im selben Augenblick, da Sganarell sich in gleicher Höhe mit den Schneewällen befand, hinter denen die auf ihn gerichteten Mündungen der Stutzen Chraposchkas und Flegonts hervorragten, riß plötzlich der Strick, an dem der Balken kreiste, und wie ein aus dem Bogen schnellender Pfeil flog der Balken nach der einen Seite, der Bär verlor das Gleichgewicht, fiel hin und drehte sich wie ein Kreisel nach der anderen.

Den auf dem Feld Verbliebenen bot sich plötzlich ein neues, lebensvolles, schreckliches Bild: der Balken stieß die Gabel hinter dem Schneewall Flegonts um und zertrümmerte sie völlig, dann sprang er darüber hinaus und blieb in einem entfernten Schneehaufen stecken. Auch Sganarell verlor keine Zeit. Er überschlug sich drei- oder viermal und fiel gerade hinter den Schneewall Chraposchkas ...

Sganarell erkannte seinen Freund sofort, streifte ihn mit dem heißen Atem seines Rachens, wollte ihn lecken, aber plötzlich krachte von Flegonts Seite ein Schuß, der Bär entfloh in den Wald und Chraposchka stürzte besinnungslos nieder.

Man hob ihn auf und untersuchte ihn: die Kugel hatte seinen Arm durchschlagen, und in der Wunde steckte ein Büschel Bärenhaare. Flegont büßte seinen Ruf als bester Schütze nicht ein, hatte er doch in großer Hast aus dem schweren Stutzen geschossen und ohne die Gabel, die als Stütze diente. Außerdem war es schon dämmrig, und der Bär und Chraposchka hatten sehr eng beieinander gestanden ...

Unter solchen Umständen mußte auch dieser Schuß, der nur um ein Haar danebengegangen war, für sehr bemerkenswert gelten.

Trotz alledem *war Sganarell entkommen.* Die Verfolgung am selben Abend aufzunehmen war unmöglich; und bis zum folgenden Morgen war in den Sinn des Mannes, dessen Wille hier allen Gesetz war, ein Lichtstrahl gefallen und hatte seine Absicht völlig geändert.

15

Der Onkel kehrte nach Abschluß der geschilderten erfolglosen Jagd nach Hause zurück. Er war noch zorniger und finsterer als gewöhnlich. Bevor er an der Freitreppe vom Pferd stieg, gab er den Befehl, sowie morgen der Tag graute, die Spur des Tieres zu suchen und es einzukreisen, so daß es auf keinen Fall entweichen konnte.

Eine ordnungsgemäß geleitete Jagd hätte natürlich zu einem ganz anderen Ergebnis führen müssen.

Dann erwartete man seine Anordnungen bezüglich des verwundeten Chraposchka. Nach der Meinung aller mußte seine Strafe schrecklich sein. Zum mindesten hatte er sich dadurch schuldig gemacht, daß er es unterließ, Sganarell sein Jagdmesser in die Brust zu stoßen, als dieser plötzlich bei ihm aufgetaucht war, und daß er ihn vielmehr völlig unverletzt aus seiner Umarmung gelassen hatte. Außerdem bestand der starke und offenbar völlig begründete Verdacht, daß Chraposchka falsches Spiel hatte treiben wollen, daß er in der verhängnisvollen Minute seine Hände absichtlich nicht gegen seinen zottigen Freund erhoben, sondern ihn freigelassen hatte.

Die allen bekannte gegenseitige Freundschaft zwischen Chraposchka und Sganarell verlieh dieser Vermutung große Wahrscheinlichkeit.

Dies war nicht nur die Ansicht der Jagdteilnehmer, sondern auch aller anderen Gäste.

Wir Kinder lauschten den Gesprächen der Erwachsenen, die sich am Abend im großen Saal versammelt hatten, wo für uns die Kerzen auf dem reichgeschmückten Christbaum angezündet wurden, und wir teilten die allgemeinen Vermutungen und die allgemeine Furcht vor der Strafe, die Ferapont erwartete.

Vorerst drang aber aus dem Vorzimmer, durch das mein Onkel von der Freitreppe in seine ›Flucht‹ geschritten war, nur das Gerücht in den Saal, er habe in bezug auf Chraposchka keinerlei Befehl hinterlassen.

»Ist das nun ein gutes Zeichen oder nicht?« flüsterte jemand, und inmitten der allgemeinen schweren Niedergeschlagenheit drang dieses Flüstern in jedermanns Herz.

Auch Pater Alexei, der alte Dorfgeistliche mit dem Bronzekreuz aus dem Jahre 1812, vernahm es. Der Alte seufzte und sagte gleichfalls flüsternd:« Wir wollen zu Christus beten, der heute geboren ward.«

Bei diesen Worten bekreuzigte er sich, und alle, die im Saal versammelt waren, Erwachsene und Kinder, Herren und Knechte, bekreuzigten sich mit ihm. Und das geschah zur rechten Zeit! Wir hatten die Hände noch nicht wieder sinken lassen, als die Türen sich weit öffneten und der Onkel mit einem Stock in der Hand hereintrat. Seine Lieblingswindspiele und sein Kammerdiener Justin begleiteten ihn. Der letztere trug auf einem silbernen Tablett ein weißes Tuch und eine runde Tabaksdose mit dem Bildnis Pauls des Ersten.

16

Man stellte für den Onkel einen Voltairesessel auf einen kleinen Teppich mitten ins Zimmer vor den Tannenbaum. Schweigend ließ er sich darauf nieder, und schweigend empfing er von Justin sein Tuch und seine Tabaksdose. Die beiden Hunde legten sich sogleich zu seinen Füßen nieder und streckten ihre langen Schnauzen vor. Der Onkel trug einen blauseidenen Stepprock mit aufgenähter Plattstickerei und reichverzierten weißen Filigranspangen mit großen Türkisen. In den Händen hielt er einen dünnen, aber festen Stock aus kaukasischem Kirschholz.

Dieses Stöckchen leistete ihm jetzt gute Dienste, denn während des allgemeinen Durcheinanders, mit dem die Bärenjagd endete, hatte auch die ›Modedame‹ ihre Unerschrockenheit nicht bewahrt, war ausgebrochen und hatte das Bein ihres Reiters empfindlich gegen einen Baum gepreßt.

Der Onkel spürte heftige Schmerzen in diesem Bein und hinkte sogar ein wenig.

Dieser Umstand war natürlich auch nicht dazu angetan, in seinem gereizten, erzürnten Herzen das Gute zu erwecken. Zudem war es auch von Übel, daß wir alle bei seinem Erscheinen verstummten. Wie die meisten mißtrauischen Menschen konnte er dies nicht vertragen, und Pater Alexei, der ihn gut kannte, beeilte sich, die Sache, so gut es ging, wieder ins Lot zu bringen, indem er das unheildrohende Schweigen brach.

Da der Geistliche sich in der Nähe von uns Kindern befand, stellte er uns die Frage, ob wir denn den Sinn des Liedes ›Christ ist geboren‹ verstanden hätten? Es zeigte sich, daß nicht nur wir, sondern auch die Älteren ihn nur schlecht erfaßt hatten. Der Geistliche begann uns die Worte ›lobpreiset‹, ›rühmet‹ und ›erhebet euch‹ zu erläutern, und als er auf die Bedeutung des letzten Wortes zu sprechen kam, ›erhob‹ sich auch sein Geist und sein Herz. Er sprach über die *Gabe,* die auch heute wie zu ›jener Zeit‹ jeder Arme zur Krippe des Christkindes bringen kann, die kühner und kostbarer ist als das dargebrachte Gold, die Myrrhen und der Weihrauch der Weisen des Altertums. Diese Gabe sei unser Herz, das durch Seine Lehre geläutert sei. Der Greis sprach von der Liebe, von der Vergebung, von der Pflicht eines jeden, Freund und Feind ›im Namen Christi‹ zu trösten ... Und ich glaube, daß seinen Worten in jener Stunde die Kraft der Überzeugung innewohnte. Wir alle verstanden, an wen seine Worte gerichtet waren, wir alle lauschten mit einem ganz eigenen Gefühl, als ob wir beteten, daß seine Worte ihr Ziel erreichten, und an den Wimpern vieler von uns zitterten gute Tränen ...

Plötzlich fiel etwas zu Boden ... Es war der Stock des Onkels. Man hob ihn auf, aber er rührte ihn nicht an. Er saß da, ein wenig zur Seite geneigt, und seine Hand hing über die Lehne des Sessels hinab, und darin lag wie vergessen der große Türkis von der Schnalle seines Rockes.

Da ließ er auch diesen fallen, aber keiner eilte, ihn aufzuheben.

Aller Augen hingen an seinem Gesicht. Etwas Seltsames ging vor sich: *er weinte!*

Der Geistliche schob die Kinder sanft beiseite, trat an den Onkel heran und segnete ihn schweigend.

Der Onkel hob das Gesicht, ergriff die Hand des Greises, küßte sie unerwartet vor aller Augen und sagte leise: »Danke.«

Dann blickte er auf Justin und befahl, Ferapont hereinzurufen. Jener erschien, bleich und die Hand in der Schlinge.

»Stell dich hierher!« befahl der Onkel und wies mit der Hand auf den Teppich.

Chraposchka trat heran und fiel auf die Knie.

»Steh auf . . . erheb dich!« sagte der Onkel. »Ich verzeihe dir.«

Chraposchka warf sich ihm wieder zu Füßen. Der Onkel sprach mit nervöser, erregter Stimme: »Du hast das Tier geliebt, wie nicht jeder die Menschen liebt. Du hast mich dadurch gerührt und mich an Großmut übertroffen. Höre, was ich dir als Gnade verkünde: Ich schenke dir den Freibrief und hundert Rubel auf den Weg. Geh, wohin du willst.«

»Ich danke Euch, aber ich will nirgendwohin gehen«, rief Chraposchka.

»Wie?«

»Ich will nirgendwohin gehen«, wiederholte Ferapont.

»Was willst du denn?«

»Für Eure Gnade will ich Euch aus freiem Willen ehrlicher dienen als aus Furcht in der Knechtschaft.«

Die Lider des Onkels zuckten. Er drückte mit der einen Hand sein weißes Tuch vor die Augen, mit dem anderen Arm umarmte er, sich niederbeugend, Ferapont, und wir alle erhoben uns von unseren Plätzen und bedeckten ebenfalls die Augen. Ein jeder fühlte, daß sich hier der Ruhm des höchsten Gottes vollendete und daß an Stelle der finsteren Furcht der Friede in Christi Namen mit seinem Duft den Raum erfüllte.

Dies empfanden auch die Bewohner des Dorfes, wohin man Kessel mit Dünnbier gesandt hatte. Sie brannten Freudenfeuer an, waren alle voll Fröhlichkeit und sprachen im Scherz untereinander: »Heute haben wir erlebt, daß auch das Tier in die heilige Stille gegangen ist, um Christus zu preisen.«

Sganarell wurde nicht weiter verfolgt. Ferapont bekam den versprochenen Freibrief, trat bald an die Stelle Justins und war meinem Onkel nicht nur ein treuer Diener, sondern auch ein treuer Freund bis an sein Lebensende. Er schloß dem Onkel die Augen und begrub ihn auf dem Waganskowschen Friedhof zu Moskau, wo das Grabmal bis auf den heutigen Tag unversehrt steht. Dort, zu des Onkels Füßen, ruht auch Ferapont.

Blumen legt ihnen heute keiner mehr aufs Grab, aber in den Moskauer Kellerwohnungen und Elendsvierteln leben noch heute Menschen, die sich an den weißhaarigen, hochgewachsenen Greis erinnern können, der wie durch ein Wunder in Erfahrung zu bringen wußte, wo es echten Kummer gab, und der entweder selbst zur rechten Zeit herbeieilte oder seinen guten Diener mit den etwas vorstehenden Augen mit reichen Gaben sandte.

Diese beiden guten Menschen, von denen man noch vieles erzählen könnte, waren mein Onkel und sein Ferapont, den der Greis im Scherz den ›Tierbändiger‹ nannte.

Jean de La Fontaine
Die Löwin und der Bär

Die Löwin klagte um ihr Kind:
Ein Jäger hatte es geraubt; und wie halt Weiber sind,
das Unglücksweib, es brüllte unerhört.
Der ganze Wald war aufgestört.
Die Nacht, die Dunkelheit, die Stille,
besänftigen um keinen Deut
der Königin unendliches Gebrülle.
Ein jedes Tier zu schlafen scheut.
Der Bär: Frau Base, auf ein Wort nur, sagt er endlich;
die armen Kinder, die als Futter
durch Eure Zähne gingen unabwendlich,
hatten sie keinen Vater, keine Mutter? –
Doch, hatten sie. – Hm, so wills der Brauch;
war aber eines tot, hat man sich da den Kopf zerbrochen,
wenn nur die Mütter schweigend sich verkrochen?
Warum schweigt Ihr nicht auch? –
Ich, schweigen; ich, unglücklich, wie ich bin?
O Schmerz, mein Sohn ist fort;
so schleppt mich denn getrost zum Grabe hin! –
Wer, frag ich, wollte Euch trotz Euch dazu verdammen? –
Das Schicksal, ach, es haßt mich! – Dies Wort,
mit Küchenschwatz traf ich es oft zusammen.
Elende Menschheit, aufgepaßt!
Seit langem hör ich nichts als frevelhafte Klagen;
vom Himmel glaubt ihr euch gehaßt:
Und Hekuba, was sollte sie denn sagen?

Peter Hacks
Der Bär auf dem Försterball

Der Bär schwankte durch den Wald, es war übrigens Winter; er ging zum Maskenfest. Er war von der besten Laune. Er hatte schon ein paar Kübel Bärenschnaps getrunken; den mischt man aus Honig, Wodka und vielen schwierigen Gewürzen. Des Bären Maske war sehr komisch. Er trug einen grünen Rock, fabelhafte Stiefel und eine Flinte auf der Schulter; ihr merkt schon, er ging als Förster.

Da kam ihm, quer über den knarrenden Schnee, einer entgegen: auch im grünen Rock, auch mit fabelhaften Stiefeln und auch die Flinte geschultert. Ihr merkt schon, das war der Förster.

Der Förster sagte mit einer tiefen Baßstimme: »Gute Nacht, Herr Kollege, auch zum Försterball?«

»Brumm«, sagte der Bär, und sein Baß war so tief wie die Schlucht am Weg, in die die Omnibusse fallen.

»Um Vergebung«, sagte der Förster erschrocken, »ich wußte ja nicht, daß Sie der Oberförster sind.«

»Macht nichts«, sagte der Bär leutselig. Er faßte den Förster unterm Arm, um sich an ihm festzuhalten, und so schwankten sie beide in den Krug zum zwölften Ende, wo der Försterball stattfand.

Die Förster waren alle versammelt. Manche Förster hatten Geweihe, die sie vorzeigten, und manche Hörner, auf denen sie bliesen. Sie hatten alle lange Bärte und geschwungene Schnurrbärte, aber die meisten Haare im Gesicht hatte der Bär.

»Juhu«, riefen die Förster und hieben den Bären kräftig auf den Rücken.

»Stimmung«, erwiderte der Bär und hieb die Förster auf den Rücken, und es war wie ein ganzer Steinschlag.

»Um Vergebung«, sagten die Förster erschrocken, »wir wußten ja nicht, daß Sie der Oberförster sind.«

»Weitermachen«, sagte der Bär. Und sie tanzten und tranken und lachten; sie sangen, sie hätten so viel Durst im grünen Forst. Ich weiß nicht, ob ihr es schon erlebt habt, in welchen Zustand man gerät, wenn man so viel tanzt und trinkt, lacht und singt. Die Förster gerieten in einen Tatendrang und der Bär mit ihnen; der Bär sagte: »Wir wollen jetzt ausgehn, den Bären schießen.«

Da streiften sich die Förster ihre Pelzhandschuhe über und schnallten sich ihre Lederriemen fest um den Bauch; so strömten sie in die kalte Nacht. Sie stapften durchs Gehölz. Sie schossen mit ihren Flinten in die Luft. Sie riefen Hussa und Hallihallo und Halali, wovon das eine soviel bedeutet wie das andere, nämlich gar nichts, aber so ist das Jägerleben. Der Bär riß im Vorübergehen eine Handvoll trockener Hagebutten vom Strauch und fraß sie. Die Förster riefen: »Seht den Oberförster, den Schelm«, und fraßen auch Hagebutten und wollten sich ausschütten vor Spaß. Nach einer Weile jedoch merkten sie, daß sie den Bären nicht fanden.

»Warum finden wir ihn nicht?« sagte der Bär. »Er sitzt in seinem Loch, ihr Schafsköpfe.« Er ging zum Bärenloch, die Förster hinterdrein. Er zog den Hausschlüssel aus dem Fell, schloß den Deckel auf und stieg hinunter, die Förster hinterdrein.

»Der Bär ist ausgegangen«, sagte der Bär schnüffelnd, »aber es kann noch nicht lange her sein, es riecht stark nach ihm.«

Dann torkelte er zurück in den Krug zum zwölften Ende und die Förster hinterdrein.

Sie tranken gewaltig nach der Anstrengung, aber die Menge, die der Bär trank, war wie ein Schmelzwasser, das die Brücken fortreißt.

»Um Vergebung«, sagten die Förster erschrocken. »Sie sind ein großartiger Oberförster.«

Der Bär sagte: »Der Bär steckt nicht im Walde, und der Bär steckt nicht in seinem Loch; es bleibt nur eins, er steckt unter uns und hat sich als Förster verkleidet.«

»Das muß es sein«, riefen die Förster, und sie blickten einander mißtrauisch und scheel an.

Es war aber ein ganz junger Förster dabei, der einen verhältnismäßig kleinen Bart hatte und nur wenige Geweihe und überhaupt der Schwächste und Schüchternste war von allen. So beschlossen sie, dieser sei der Bär. Sie krochen mühsam auf die Bänke, stützten ihre Bärte auf die Tische und langten mit den Händen an der Wand empor.

»Was sucht ihr denn?« rief der junge Förster.

»Unsere Flinten«, sagten sie, »sie hängen leider an den Haken.«

»Wozu die Flinten?« rief der junge Förster.

»Wir wollen dich doch schießen«, antworteten sie, »du bist doch der Bär.«

»Ihr versteht überhaupt nichts von Bären«, sagte der Bär. »Man muß untersuchen, ob er einen Schwanz hat und Krallen an den Tatzen«, sagte der Bär.

»Die hat er nicht«, sagten die Förster, »aber, Potz Wetter! Sie selbst haben einen Schwanz und Krallen an den Tatzen, Herr Oberförster.«

Die Frau des Bären kam zur Tür herein und war zornig. »Pfui Teufel«, rief sie, »in was für Gesellschaft du dich herumtreibst.«

Sie biß den Bären in den Nacken, damit er nüchterner würde, und ging mit ihm weg.

»Schade, daß du so früh kamst«, sagte der Bär im Walde zu ihr, »eben hatten wir ihn gefunden, den Bären. Na, macht nichts. Andermal ist auch ein Tag.«

Johann Peter Hebel
Der Bär in Constantinopel

Wenn man sagt, der Schuster bleibe bei seinen Leisten, so hätte man auch zu einem gewissen Italiener in Constantinopel sagen können, der Italiener bleibe bei seiner Haut und lasse sich am allerwenigsten in eine Bärenhaut nähen. Denn so wars. –

Ein Italiener, der die löbliche Kunst verstund, bequem auf anderer Leute Kosten Feiertage zu halten und bald als Sekretär, bald als Aufseher, bald als Spaßmacher bei seiner Gesandtschaft in Pera (so heißt man nämlich einen Teil von Constantinopel, wo in einem großen Schlosse, die sieben Türme genannt, fremde Gesandte wohnen) gedient hatte, der Italiener machte seinem Herrn Kameraden, auch einem schwarzhaarigen Italiener, den menschenfreundlichen Vorschlag, er sollte sich in eine Bärenhaut einnähen lassen, und so könnten sie alle zwei ihr ehrlich Stück Brot verdienen. Da der Herr Kamerad schön Klavier und Zither zu spielen verstehe, so würde die ganze Türkei zusammenlaufen, um so einen fremden Virtuosen zu hören, absonderlich wenn er mit der Geige dazu fiedelt oder die Maultrommel oder den Dudelsack spielte. Wird also der Herr Kamerad in eine zottige Bärenhaut genäht, wo nur die Finger ein wenig durchguckten, brav Werg in die Schnauze, daß er nur hm! hm! brummen konnte, einen Korb davor, den langen Stock in die Hand, ein paarmal im Zimmer herum exerziert, und jetzt an der Kette auf die Gasse. Was Füße hatte, kam, und was Augen und Ohren hatte, sie aufzureißen, riß sie auf, um den Klavierspieler zu sehen und zu hören; näher kam niemand, um den Künstler zu visitieren, von wegen des Stocks und des Maulkorbs. So gehts dann Straßen auf Straßen ab; wie ein Kometenschwanz zog alles, Jung und Alt, Groß und Klein dem Dudelsack und der Geige nach, bis es der Sultan erfährt, daß er ein solches Wundertier in seinem Revier habe. Läßt der Sultan die Compagnie kommen, und der Bär spielte bald einen Menuett, bald einen Walzer, bald einen Hopser, auch wie's kommt, was Trauriges, wenn etwa das Werg zu weit heruntergerutscht war oder sonst was ihn drückte, und hupft und tanzt dabei, wie sein Herr Führer es haben wollte, daß alle Türken meinten, der Bär habe schier Menschenverstand. Kurz der Sultan (er ist gar hochmütig!) sagt zum Führer: Was gilt der Bär? und den muß ich haben, das muß mein Leibbär werden. An so was hatte denn freilich weder der eine noch der andere gedacht, und besehen einander nicht schlecht an, bis der Führer sagt: er ist mir nicht feil, Ihre Majestät. So, meint der Sultan; ihr wollt mir den Bären nicht verkaufen? (und kriegt Runzeln auf die Stirn) und gleich rennt einer der Hofbedienten herzu, und, macht ihm einen ordentlichen Preis, sagt er, sonst macht er ihn Euch und da kostets Euch den Bären und den Hals dazu! Nun wenns so ist, Not bricht Eisen, denkt der Italiener, also auch Bärenfreundschaft und so könnt Ihr ihn haben für 1600 Piaster (tut nach rheinischem Fuß den Zwölfer zu 12 Kreuzer gerechnet 3840 fl.), damit gingen sie auf die Seite, und als der Italiener in der Haut hörte, daß es Ernst wird und das Geld klingelt schon, da murmelte er inwendig etwas Welsches her, das außen wie hm! hm! tat. Die Türken verstanden das nicht und der Italiener stellte sich, als höre er es nicht, und wie er immer ärger brummte, den Stock aufhob und mit ausgespannten Armen auf ihn zulief, da lächelt der Schelm und sprach: Es ist eben nur arg, daß der Kerl so gescheit ist; jetzt merkt er schon wieder, daß er sich von mir abgewöhnen soll. Aber nur Geduld! das gibt sich alles, wenn er besser ins Futter kommt. Jetzt Adieu! Nun gings also in allem ein wenig türkisch zu. Bald wollten Sr. Majestät einen Marsch, bald eine Sonate, dann wieder eine Janitscharenmusik, und so gings eine geschlagene Stunde durch, daß dem Italiener selber der Takt abhanden gekommen wäre, wenn nicht dann und wann ein musikalischer Türke auf Befehl Sr. Majestät eben den Takt auf den Rükken geschlagen hätte. Endlich half kein Schnalzen mit der Zunge, kein Pfeifen, kein Händeklatschen, weder Taktprügel, noch türkischer Sultan mehr etwas, und Seine Majestät, erbost ob der Widersetzlichkeit der teuren Bestie, befehlen mit rotem Angesicht, daß man den Delinquenten zu seines Gleichen in die Menagerie (Tierpark) bringe. Meines Gleichen? fragt sich der Italiener, das sind ja im Augenblick Bären und keine Italiener, und verstehn mich auch nicht. Er wollte Bittweise und mit ausgebreiteten Armen auf den Sultan zugehen und eine italienische Anrede an ihn halten, als dieser voll Schrecken über das jämmerliche Hm! Hm! und die zärtliche Stellung des Herrn Urians ihn binden und fortführen ließ. – Jetzt meint der geneigte Leser vielleicht, jetzt gings letz und stellt sich schon im Geiste vor, wie die polnischen Bären keine italienischen Dolmetscher haben, und stehn an dem neuen Herrn Kameraden hinauf, und küssen ihn ein bißchen zum Zeitvertreib und übertreten so gelegenheitlich ein wenig das fünfte Gebot usw.

Ja! dem Hausfreund gings das erstemal gerade auch so, als er es erzählen hörte, und denkt noch gerne daran, wie sein Adjunkt, der gerade frisch stopfte, vor sich sagte: der arme Schelm hats auch nicht verdient! Item! Der Adjunkt mag schier Recht gehabt haben und vielleicht hat der verbärte Italiener eigentlich nur Todesangst ausstehen sollen, denn als ihn die Türken an einem Stricke auf die Straße brachten und den Stock hatten sie ihm gelassen, man weiß nicht recht warum, da machte er ein paarmal hm! hm! links und rechts fliegt der Türk weg wie ein Propfer und jetzt fort. Aber wohin? das wußte der Bär sowenig als der Italiener, und sie rannten miteinander fort aufs Freie los, es mochte nun hingehen, wohin es wollte. Wen keine Hühneraugen oder aufgegangene Hosenträger oder eine desertierte Schuhsohle hinderte, entrann glücklich in ein Haus; aber wer das Unglück hatte, nicht geschwind genug aus dem Staub zu kommen, dem gings hinderlich und wem's nur ein bißchen Angst war, konnte von Glück sagen; es gab auch blaue Mahle und dergleichen, nur gefressen hat er damals niemand. So gings unaufgehalten bis zum Hafen, wo sich in einem Kahne mehrere Schiffer befanden. Sie ließen ihn ruhig herkommen und meinten, er sei wasserscheu; der Italiener mags gewesen sein, der Bär nicht. Der watet mit seinen zottigen Schenkeln ins Wasser und steigt ins Schiff. Die Schiffer beteten und segneten sich auf gut türkisch und meinten, es ginge mit dem Bösen zu (NB. in der Türkei heißt er nur anders) wie der Bär das Rudern so schön verstehe. Der Italiener merkte nichts, desto mehr seine zwei Führer, die ganz ehrfurchtsvoll in einiger Entfernung nachgefolgt waren, denn durch das viele Arbeiten und den großen Jast war die Bärenhaut aufgegangen und hing jetzt so was hervor wie zwei Schwalbenschwänze; auch das hatte in der Türkei niemand erlebt, daß die Bären, um geschwinder laufen zu können, mit solchen Wedeln versehen sind. Also meinten sie, der Bär werde jetzt jeden Augenblick durch die Luft auf und davon gehen, und rennen noch viel ärger hinten drein. Aber siehe! Die Dinger waren lahm und schienen nur Spielsachen von Tuch, bis sie ganz deutlich unterscheiden konnten, daß es die zwei Rockschöße an einem Frackrock seien. A ha! da hängst du raus und kommen wir da zusammen, Herr Urian! ruft der eine Türk, während der andere auch ein Schiff losbindet und sie nachsegeln. Der Bär hatte aber einen guten Vorrang gewonnen und wäre vielleicht noch, als er aufs Feste kam, entlaufen, wenn nicht die Haut immer weiter aufgegangen und sogar die Beine entblößt gewesen wären. Weil er nun seine Haut nachschleifen mußte, gings mit dem Geschwindschritt schlecht und mit dem Sehen auch, daß fast keine Wand sicher war. An seines Kameraden Wohnung, denn er war wieder auf Pera losgesteuert und dachte ihn dort zu finden, erwischten ihn die zwei Türken bei seinen Rockflügeln und gerbten jetzt nicht mehr auf die Bärenhaut, sondern abwärts auf die zwei Verräter. Sein guter Freund konnte ihn wohl nicht hören. – Der geneigte Leser weiß warum und der Italiener war für dieses Mal froh, daß es so und nicht anders gegangen war. Denn der Sultan bekam nichts als die ehemalige Haut des ehemaligen Virtuosen, der Italiener rieb die türkischen Schläge (und sie verstehns) ein, suchte seinen Anführer, den Hrn. Kameraden, den er aber bis jetzt noch zu finden hat. Wüßte ihn der Hausfreund oder der geneigte Leser, so weiß ich, was sie beide täten. Wer weiß, ob einer ihm vielleicht nicht auch schon eine Landkarte oder Bleistift oder Farbenschachtel für sein Büble, oder einen Kamm für seine Frau abgemarktet hat.

Adolf Glaßbrenner
Der Eisbär Sülzental

(Herr Sülzental, Bürger und Kleidermacher, sitzt mit mehreren Bekannten in der Tabagie und erzählt ihnen die nachfolgende tragische Begebenheit.)

Ne, nu denkt euch, Kinder, wie et mir jestern Vormittag jejangen is, un denn sagt mir, ob so was schon eenen Menschen in der Welt passiert is. Ick sage euch, mir kommen bei eenz'jer Haar noch de Tränen vor

Wut ins Ooje, wenn ick an diese verfluchte Jeschichte denke, die mir jestern passiert is. Ihr kennt doch alle meinen Freund, den Kupperschmidt Seefenberjer, der immer sonne verdammten Raupen in 'n Kopp hat, deß man nie weeß, wie man mit ihm dran is un ob er eenen nich zum besten hat? Den sein Jeburtsdag war also jestern; un vorjestern war er uf de Redoute in't Kolosseum gewesen; so komm' ick jestern zu ihn hin, um ihn zu jratulieren. Ick jratuliere ihn also, un et sind noch mehrere da. Wir drinken en Jläsken, un Seefenberjer zeigt uns den Eisbärenanzug, in den er uf de Redoute gewesen is. Des is allens jut bis dahin. Nu komm' ick aber uf die unjlückselje Idee, mal zu sehen, wie mir der Anzug paßt und wie ick als Eisbär aussehe. Ick denke also an Jott nischt Böses, un zieh' mir den weißen Pelz an, freu' mir noch über die jroßen Poten und die Tatzen, die ick habe, un mach' mir vorne det Bärenfell ordentlich zu. Nu hör' ick freilich, det der imfame Kerrel, der Seefenberjer, die andern immer wat in die Ohren tuschelt; aber wie kann man an solche Niederträchtigkeiten denken, wat die mit mir vorhatten? Also ick setze mir endlich noch den Bärenkopp mit die jroße, vorstehende Schnauze uf un trete vor den Spiejel un freu' mir so recht innig und lache über mir als Eisbären. – Wat jeschieht? Denkt euch die Niederträchtigkeit! Mit eenmal jreift mir eener von hinten an die beeden Tatzen, hält mir meine Hände uf'n Rücken fest, dreht mir um, eener macht die Düren uf, un die andern stoßen mir hastenichjesehen raus, immer weiter, un die janze Treppe runter. Natürlich ick schrie, so viel mir det in den Bärenkopp möglich war, un wollte nich von de Stelle. Aber wat wollte ick schwacher Mensch als wildes Tier jejen so viele Kerrels machen? Jenug, sie stoßen mir immer weiter, lachen sich de Hucke voll, machen de Hausdüre uf un bejehen die Niederträchtigkeit, mir als Eisbär Vormittag um halb zwölfe uf de Straße rauszustoßen un de Düre hinter mir zuzuriejeln! – Nu könnt ihr euch meine Verlejenheit, meine Angst denken! Ick denke, ick soll in die Erde sinken, so in Berlin, wo jarkeen Klima vor so'n Biest is, als Eisbär uf de Straße zu stehen. Ick rammle vor Verzweiflung an de Düre un bitte um Jottesjesuwillen, sie sollen mir wieder rinlassen. Aber Kuchen! Die verfluchten Kerrels waren jarnich mehr da, sondern sahen wahrscheinlich aus irgendeen Fenster den janzen Skandal mit an. Denn et waren noch keene fünf Minuten verjangen, so war ick mitten uf de Straße jeschubst, un mindesten zweehundert Straßenjungen un anderes Volk um mir rum, die mir uf die niederträchtigste Weise verhöhnten. Zuerst uf de Seite jing et noch, denn da hielten se mir noch vor einen wirklichen Eisbären, un ick hörte weiter nischt als: »Herrjees, seht mal den Waschbären an!« Un: »Wie mag man det wilde Luder hier uf de Straße herkommen; der muß von Van Aken entsprungen sind; man sollte eine Flinte holen un des Biest dotschießen, damit et keenen Schaden anricht't!« Na, wie ick det hörte, da könnt ihr euch mir denken! Ick, der ick überhaupt die Naturjeschichte nich so jenau kenne un keenen Bejriff davon habe, wie sich so'n Biest, wie ick war, benehmen muß; wie ick det höre, det sie mir dotschießen wollen: mir looft der Schweiß über die Stirne und ick schreie mit eenmal: »Um Jotteswillen nich! Ick bin keen wirklicher Waschbär; ick bin der Schneidermeister Sülzental aus de Kanonierstraße!« – So wie ick det jesagt habe, so könnt ihr euch des niederträchtige Straßenvolk von Berlin denken! Wutsch! kriegt' ick Stöße in meinen Pelz, det ick immer jleich son Ende weit als Eisbär wegflog, bis ick, wie jesagt, mitten uf'n Damm von en paar hundert Menschen umringt war, die immer vor Lachen über mir unjlückliche Kreatur platzen wollten. Ick wer' den Moment in meinen janzen Leben nich verjessen. Wat sollt ick nanu dun? Ick wär' natürlicherweise ausjekratzt, aber mit den dicken Pelz un die schwerfälligen Eisbärpoten jing et ja nich, un die verfluchten Straßenjungens hätten mir ooch hinten an den Stummel festjehalten, der mir unten an'n Rücken rumbammelte. Un nu denkt euch, wie et mir noch jeht! Ne, ick sage, so unglücklich is es vielleicht noch keenen Menschen uf Jottes Erdboden jejangen! Nu kommt wirklich 'ne Droschke vorbei, un ick danke Jott vor die Rettung un sage zu den Kutscher: »Hör'n Se mal, lieber Mann, fahren Se mir mal nach de Kanonierstraße Nummer 87.« So sagte dieser niederträchtige Kerrel: »I Jott bewahre, uf wilde Tiere lass' ick mir nich in!« – »I Herr Jeeses«, sag' ich, »wo bin ick denn en wildes Tier? Ick bin ja en Berliner Bürjer; ick bin ja der Schneidermeister Sülzental aus de Kanonierstraße; ick kann Ihnen bei Jott zuschwören, deß ick keen Waschbär bin!« – »Ach wat«, sagt der schändliche Kerrel, »det könnte jeder sagen« un fährt richtig weiter, ohne mir insteigen zu lassen.

Wat nu dun? In so 'ne Lage is jewiß noch keen Mensch jewesen. Ick jehe in einen Materialladen, um mir vielleicht da zu retten. Aber die Leute dadrin kriejen erschtens en Schreck über mir als Unjeheuer, un wie ick mein Kompelment mache, soviel es mir mit de Tatzen möglich war, un durch meine Schnauze brumme: »Dun Se mir den Jefallen un beherberjen Sie mir en bisken, damit ick mir jefälligst den Waschbären ausziehen kann«, so springen die Diener und die Burschen über'n Ladentisch, weil se denken, ick will se foppen, un schmeißen mir zur Düre raus, indem der Racker von Lehrbursche sagt: »Hier is keene Menarjerie nich; suchen Se sich en andern Behälter!« – Nu hätt' ihr den Skandal hören sollen uf de Straße, wie ick da als Eisbär wieder rausjeflogen komme! Ne, wat die verdammten Straßenjungens noch obendrin vor Witze machten! Der eene sagte: »Hören Se mal, waschen Se sich doch mal; ick habe det noch nich jesehen.« – Ein anderer sagte: »Jetzt is et halb zwöllwe. Ick warte bis Nachmittag um fünwe, denn wird det Biest jefüttert.« – »I«, meent eener, »da brauchen wir ja jarnich zu warten, det können wir jleich haben. Ick wer' vor'n Sechser 'ne Knackwurscht holen.« Det war aber noch allens nischt jejen die eene Karnalje von Bengel, der mir unter die Ärme jreift, un mit mir nolenswolens uf de Straße an zu danzen fängt, halb Jalopp, halb Walzer, wobei ick mit meine dicke Poten beinah lang hinjeschlagen wäre. – Endlich kann ick't nu aber nich mehr aushalten. Ich denke, een paar vernünftje Leute werden doch unter die Masse sind, knöppe mir heimlich meinen Kopp uf un komme uf die unjlückselje Idee, mir als Mensch an die Leute zu wenden. Un so jreif' ick mit eenmal mit den rechten Arm ruf, nehme mir meinen Kopp ab, klemme ihn untern Arm fest un sage janz artig: »Entschuldjen Se, überzeujen Se sich jütigst un bringen Sie mir unter Dach un Fach, damit ick mir janz aus den Bären entwickeln kann!« – Na, Kinder, ick sage euch: sowat von Jelächter hab' ick noch in meinen janzen Leben nich jehört! Muß ick mir nu als Waschbär mit meinen natürlichen Kopp aus den Pelz raus, un mit die Schnauze untern Arm so putzig gemacht haben, oder worum sonst, jenug, det war ein Jebrülle, deß ick denke, ick soll in de Erde sinken. Un so wie ick nu noch so janz perplex dastehe, so kommt ein Jensd'arme, un faßt mir untern Arm un sagt: »Kommen Se mal mit nach de Wache; ick wer' Ihnen lernen, solche Ufläufe machen!« Also nanu riß mir denn ooch endlich die Jeduld! »Herr Jensd'arme«, sag' ick, »wie können Sie mir nachsagen, ick mache Ufläufe! Ich bin ein friedfertiger Bürjer, un deß ich mir hier als wildes Tier ufhalte, daran sind meine juten Freunde schuld, die mir als Eisbär vor de Düre rausjeschmissen haben!«

»Nischt, nischt!« schreit ein verfluchter Junge, »er red't Ihnen wat vor! Er is seiner Jeburt nach en wirklicher Eisbär; er verstellt sich bloß. Aber det schad't nischt, Herr Jensd'arme; fassen Sie ihn dreiste an! Er beißt nich; des Biest is zahm.«

»Halt's Maul, Kreete!« schrei ick; denn nu wurd' ick wirklich wild. »Herr Jensd'arm«, fahr ick zu ihm fort, »Sie werden die Überzeijung von mir haben, det bei mir nich von Waschbär die Rede sein kann, sondern deß ich im Jejenteil der Schneidermeister Sülzental aus de Kanonierstraße bin, was bei des Klima hier viel natürlicher is.« Un kaum hab' ich des jesagt, so kommt Seefenberjer mit de andern un verwenden sich bei den Jensd'arme wejen mir, un ick werde jerett't, indem sie mir wieder ins Haus rinziehen, un hinter uns zumachten. Aber det sag' ick euch, Kinder, ick wer diesen Vorfall nich verjessen, un wenn ick hundert Jahre alt werde.

Grandville
Der Bär

*Ein Brief aus dem Gebirge**

Felix qui potuit rerum cognoscere causas

Ich brachte, als ich in die Welt trat, eine große Vorliebe für die Einsamkeit mit. Diese Vorliebe war mir ohne Zweifel zu einem nützlichen Zweck eingepflanzt; statt aber meine Fähigkeiten einem Zweck zuzuwenden, der meinem Beruf entsprach, bemühte ich mich lange, das Werk der Natur in mir zu verderben. Bald nach meiner Geburt machte mich ein Fall, als ich zum ersten Male auf einen Baum zu klettern versuchte, für den Rest meines Le-

* Dieser Brief war nicht für die Öffentlichkeit bestimmt.

bens lahm. Auch hatte er einen großen Einfluß auf meinen Charakter und entwickelte die Keime der Melancholie in mir. Die Höhle meines Vaters wurde von den Bären der Umgegend häufig besucht. Er war ein tüchtiger Jäger und traktierte seine Gäste immer aufs beste; vom Morgen bis zum Abend gab es Tänze und Schmausereien, und nur ich hielt mich fern von dem lustigen Leben meiner Familie. Die Besuche belästigten mich; das gute Essen war mir zwar ziemlich angenehm, aber die Trinklieder haßte ich, und dieser Widerwille lag nicht bloß in meiner Organisation, wenn auch die neue Philosophie den Grund aller unserer Neigungen und Abneigungen in unserm Körper finden will. Der Wunsch zu gefallen, dem mein Gebrechen hindernd entgegentrat, wurde für mich eine Quelle bitterer Täuschungen. Meine natürliche Vorliebe für die Einsamkeit und Stille artete allmählich in finstere Laune aus, und ich fand bald ein Vergnügen daran, mich als *unverstandenen* Bären zu betrachten, was noch immer für das Zeichen des Genies gegolten hat. Später freilich hat mich tiefes Nachdenken über mich selbst und andere belehrt, daß nur der Stolz die Quelle dieser Traurigkeit war, die man schon in den Mondstrahlen gesucht hat.

Ich sollte leider nicht bloß meinen Vater und meine Mutter durch die finstere Laune betrüben; ich entwarf sogar den Plan, sie zu verlassen und irgendwo ein Versteck aufzusuchen, wo ich mich ungehindert meiner Vorliebe für das einsame Leben überlassen könnte. Vergebens hielt mir mein Gewissen den Schmerz vor, welchen ich ihnen verursachen würde. Ich vertraute meinen Vorsatz einem Freunde unserer Familie an, damit man wisse, daß ich freiwillig der Welt entsagt habe, und nicht etwa glaube, ich sei das Opfer irgendeines Unfalls geworden.

Nie werde ich den Tag vergessen, an welchem ich die Höhle verließ, in welcher ich das Licht der Welt erblickt hatte. Es war früh; mein Vater war auf die Jagd gegangen, und meine Mutter schlief noch. Das benutzte ich, um ungesehen fortzukommen. Der Schnee bedeckte die Erde und ein eiskalter Wind bewegte schauerlich die Wipfel der bereiften Fichten. Jeder andere wäre wahrscheinlich vor dieser Trauer der Natur zurückgewichen, aber nichts ist stärker als ein törichter Vorsatz, und ich wanderte fest und unerschrocken weiter.

Schwerlich läßt sich auf der ganzen Erde ein weniger besuchtes Plätzchen finden als das, welches ich mir auserkor. Fünf Jahre lang zeigte sich mit Ausnahme eines Adlers, der sich einmal in geringer Entfernung von meiner Höhle auf einen Baum setzte, kein lebendiges Wesen in der Nähe. Die Beschäftigungen meines beschaulichen Lebens waren sehr einfach. Sobald der Tag graute, setzte ich mich auf einen Felsen und betrachtete von da aus den Sonnenaufgang. Die Morgenkühle weckte meine Phantasie, und ich arbeitete in den ersten Tagesstunden an einem großen Gedicht, in welchem ich alle Schmerzen der Wesen schildern wollte, die den Becher des Lebens mit abgewandtem Blick an ihre Lippen geführt haben. Gegen Mittag trieb ich Botanik, und abends sah ich zu, wie ein Stern nach dem andern am Himmel sich entzündete; ich erhob da mein Herz zu dem Monde oder zu der milden Venus. In diesem einförmigen Leben vergingen fünf Jahre, aber diese lange Zeit hatte doch viele Gefühle abgestumpft, viele Träume verscheucht und die Begeisterung geschwächt; ich betrachtete die Dinge nicht mehr wie sonst, denn ich war zu einer der kritischen Perioden gelangt, die sich oft im Leben einstellen und sich durch ein unerträgliches Unbehagen kundgeben. Man will um jeden Preis aus diesem Zustand herauskommen, und die falsche Scham vermag uns um so weniger zurückzuhalten, als unter die Dinge, welche man am wenigsten begreift, auch die gehören, welche man nicht mehr liebt. Die Langeweile überwand also die Unentschlossenheit der Eitelkeit, und ich nahm mir endlich vor, zu den Meinigen zurückzukehren, die Arbeiten und Gefahren der andern Bären zu teilen, mit einem Wort, in das gesellige Leben wiedereinzutreten; ich fiel aber in Menschenhände, entweder weil ein höherer Wille nicht zugeben wollte, daß ich ohne vorherige Buße das Glück genösse, welches ich verachtet hatte, oder weil es mein Schicksal so wollte.

Ich war eines Morgens aufgebrochen, um meinen Vorsatz auszuführen, hatte aber noch keine halbe Stunde zurückgelegt, als ich in einer tiefen Schlucht mehrere Stimmen rufen hörte: ein Bär! ein Bär! In dem Augenblick, als ich stehenblieb, um zu erkennen, woher diese unbekannten Töne kämen, warf mich eine unsichtbare Hand nieder, und während ich mich am Boden herumwälzte, fielen vier ungeheuer große Hunde und drei Menschen über mich her. Trotz des Schmerzes, den mir meine Wunden verursachten, kämpfte ich lange gegen die Hunde, endlich aber unterlag ich den Zähnen dieser grausamen Tiere und wurde ohnmächtig.

Als ich wieder zum Bewußtsein kam, war ich mit einem Strick, den man durch einen Ring in meiner Nase gezogen hatte, an einen Baum gebunden. Dieser Baum beschattete die Tür eines Hauses, das an einer Straße, aber immer noch im Gebirge lag. Alles, was mir begegnet war, erschien mir wie ein Traum; aber nur zu bald erkannte ich, daß es um meine Freiheit geschehen sei, wenn ich auch das Leben behalten, und daß durch den verfluchten Ring, den man, ich weiß nicht wie, durch meine Nase gezogen hatte, das schwächste Wesen der Schöpfung mich seinem Willen und seinen Launen unterwürfig machen könnte. Ach wie recht hat Homer, wenn er sagt, daß der die Hälfte seiner Seele verliere, welcher die Freiheit verliert. Da erst erkannte ich denn auch besser als je, wie sehr ich mich durch meinen Stolz hatte irreleiten lassen, indem ich mir eingebildet, ich besäße die Kraft, unbekümmert um die ganze Außenwelt leben zu können. Was war denn in meinem Zustand verändert? Das weite Himmelsgewölbe, der imposante Anblick der Berge, der Strahlenglanz der Sonne, das milde Licht des Mondes und sein blinkendes Sternengefolge sah ich noch vor mir. Warum blickte ich diese Schönheit der Natur, die sonst meinen Wünschen zu genügen schien, nicht mehr mit denselben Augen an? Ich mußte mir gestehen, daß ich im Grunde des Herzens der Welt, mit der ich nur geschmollt, niemals ganz entsagt hatte und daß ich einige Jahre lang fern von ihr leben konnte, nur weil ich gefühlt hatte, immer stehe es mir frei, zu ihr zurückzukehren.

Mehrere Tage lang verbrachte ich in verzweiflungsvoller Niedergeschlagenheit, aber das Geständnis meiner Schwäche, das ich mir im stillen abgelegt hatte, trug viel dazu bei, meine Seele der Ergebung zu öffnen. Die Ergebung ihrerseits führte die Hoffnung wieder zurück, und allmählich fühlte ich eine Ruhe, die ich vorher nie gekannt hatte. Wenn mich übrigens etwas über den Verlust der Freiheit hätte trösten können, so würde ich die Knechtschaft in meiner angenehmen Lage fast vergessen haben, denn mein Herr behandelte mich sehr gut. Ich aß mit ihm und verbrachte die Nacht in einem Stall neben einigen andern friedlichen und geselligen Tieren. Am Tage saß ich unter einem Baum vor dem Hause und sah die Kinder meines Herrn umherlaufen, die mich sehr liebhatten. Auch die vielen Wagen, die vorüberrollten, verschafften mir Zerstreuung. Sonntags fanden sich die jungen Mädchen und Burschen aus dem Dorfe ein und tanzten unter meinem Baum, denn mein Herr war Gastwirt. Häufig wurden da die Gläser aneinandergestoßen und immer schallten lustige Lieder aus dem Hause. Ich wurde stets zu den Tänzen miteingeladen, die meist bis weit in die Nacht hinein dauerten. Gewöhnlich eröffnete ich den Tanz mit dem hübschesten Bauernmädchen. Später wurde ich in den Stand gesetzt, das Leben anderer Menschen kennenzulernen und es mit dem dieser Gebirgsbewohner zu vergleichen. Die letzteren schienen mir dem Glück viel näher zu stehen als die eigentlich sogenannten Glücklichen; denn im allgemeinen scheint der Mensch um so glücklicher zu sein, je unwissender er ist.

Dieses friedliche Landleben dauerte ein halbes Jahr. Eines Tages, als ich nach meiner Gewohnheit im Schatten meines Baumes saß, hielt eine Extrapost vor der Tür unseres Wirtshauses. In dem mit vier Pferden bespannten Wagen saß ein Reisender, welcher der vornehmen Welt anzugehören schien. Er war, wie ich später erfuhr, ein berühmter englischer Dichter, Lord B., und er kam eben aus dem Orient zurück. Während er sein Frühstück verzehrte, schien ich der Gegenstand des Gesprächs zwischen ihm und meinem Herrn zu sein. Ich hatte mich wirklich nicht getäuscht. Lord B. bezahlte einige Goldstücke, der Wirt kam zu mir, band mich von dem Baum los und brachte mich mit Hilfe des Postillions in den Wagen. Noch hatte ich mich von meiner Überraschung nicht erholt, als wir schon weit weg von dem Tale waren, in welchem ich so glückliche und nützliche Tage verlebt hatte.

Ich habe mich durch die Erfahrung überzeugt, daß das Glück eigentlich in der Einförmigkeit und in einer Lebensweise besteht, welche stets ein und dasselbe Gefühl hervorbringt, daher kann ich die Trauer nicht beschreiben, welche mein Herz erfüllte, als ich die Gegend hinter mir verschwinden sah, welche meine Heimat war. »Lebt wohl«, sagte ich mit der ›Jungfrau‹ – »Lebt wohl ihr Berge, ihr geliebten Triften!«

Die Liebe zur Heimat, zum Vaterlande ist untilgbar, und die Reisen, welche ein Dichter ein »berauschendes Leben« nennt, sind meist nur eine fortwährende Ermattung des Geistes und des Körpers. Deshalb wurde es mir auch nicht schwer einzusehen, warum die Göttin Calypso Ulysses nicht hatte verhindern können, zu seinem armen Ithaka zurückzukehren.

Vivite felices, quibus est fortuna peracta!
Vobis parta quies, vobis maris aequor arandum.

Wir bestiegen ein Schiff, das nach England unter Segel ging, und ich verbrachte zwei Jahre bei Lord B. in einem Schlosse in Schottland. Das Nachdenken, zu dem mich der Umgang mit einem Mann veranlaßte, der Dichter und Menschenhasser war, vollendete in mir den Lebensplan, von dem ich nicht abgewichen bin, seit ich die Freiheit wiedererlangt habe. Ich war bereits von der geistigen Krankheit wieder genesen, die mich in das einsame Leben getrieben hatte, aber eine andere, nicht minder gefährliche war mir geblieben, durch die ich früher oder später alle Früchte meiner Leiden und meiner Erfahrung hätte verlieren können. Nach dem unabweislichen Bedürfnis der Mitteilung, das uns drängt, andern von unsern Besorgnissen und Leiden zu erzählen, hatte ich die Sucht beibehalten, Verse zu machen. Ich *litt*, wie die verkannten Seelen und schlechten Dichter sagen, und wollte in Versen meine Leiden aussprechen. Bald legte ich mich auf den Rücken, bald auf den Bauch, um die Begeisterung zu wecken; bald ging ich mit großen Schritten in den dunklen Gängen des Gartens am Schlosse umher und erschreckte die Vögel durch das dumpfe Brummen, das sich unwillkürlich meiner Brust entwand. Wer hätte es geglaubt! Der geheime Ärger über meine Ohnmacht erzeugte böse Leidenschaften in mir: Haß gegen die, welchen es wohlergeht, Haß gegen die gesellschaftlichen Einrichtungen, Haß gegen die Vergangenheit, die Gegenwart und Zukunft, Haß gegen alles und gegen alle. Man hat seit Salomo viele Bücher geschrieben, eins aber, ein unschätzbares Buch, fehlt uns noch, eine Schilderung aller Leiden des Schriftstellerlebens. Exoriare aliquis! Lord B. selbst – doch ich schweige aus Achtung und Dankbarkeit. Ich sage nur, daß er, des poetischen Lebens überdrüssig, in das gewöhnliche Leben zurückkehren und die Stürme seines Herzens an dem Busen einer Gattin austoben lassen wollte. Aber er war zu gut; seine Heirat zerstörte sein Leben vollends. Der unglückliche B. sah keinen andern Ausweg, als auf fremder Erde zu sterben. Welche Lehre für mich ungeleckten Dichter! Ich wünschte deshalb auch nichts mehr, als die Freiheit wiederzuerlangen, um das mit Nutzen anwenden zu können, was ich unter den Menschen gesehen hatte.

Die Zeit meiner Befreiung kam früher, als ich zu hoffen gewagt hatte. Als die erste Nachricht von dem Aufstand der Griechen eintraf, entschloß sich mein Herr, ein glänzendes Grab im Lande der Hellenen zu suchen. Einige Tage vor seiner Abreise wollte er sich zum letzten Male in London zeigen. Er benutzte die Aufführung eines Trauerspieles von Shakespeare, *Hamlet*, seines Lieblingsstükkes, um sich dem englischen Publikum noch einmal zu zeigen. Wir begaben uns im offenen Wagen zum Theater, und der Saal war gefüllt, als wir in einer Loge der Bühne gegenüber erschienen. Sofort wendeten sich alle Augen und Augengläser auf uns. Die Damen neigten sich über die Logen hinaus wie Blumen, die an Felsen hängen. Selbst als der Vorhang emporgegangen war, teilte sich noch lange die Aufmerksamkeit zwischen Shakespeare und uns. Erst als der Geist erschien, der in *Hamlet* eine große Rolle spielt, richteten sich die Blicke auf die Bühne. Das Trauerspiel war in der Tat geeignet, die Anwesenden an unsere Gegenwart zu gewöhnen. Alle Personen darin werden verrückt, oder doch beinahe.

Am andern Tage schifften wir uns nach Frankreich ein. Mein Schicksal wollte, daß Lord B. einen Umweg machte, um die Ruinen von Nimes zu besehen. Eines Abends, als er in der Nähe dieser Stadt am Fuße eines alten Turmes saß und tief in Gedanken versunken war, lief ich davon und eilte in das Tal. Vier Tage und vier Nächte lang sprang ich von Berg zu Berg, ohne ein einziges Mal hinter mich zu sehen. Am vierten Tage früh befand ich mich endlich in den Pyrenäen, meiner Heimat. Im Übermaße meiner Freude küßte ich den Boden des Vaterlandes, dann wanderte ich der Höhle zu, wo ich zum ersten Male geatmet hatte. Sie wurde von einem ehemaligen Freunde meiner Familie bewohnt, den ich nach meinem Vater und meiner Mutter fragte. »Sie sind tot«, antwortete er mir. – Und meine Brüder? – »Tot oder gefangen.« Nachdem ich ihrem Andenken einige Tränen gewidmet hatte, nahm ich meine Wohnung auf dem Mont-Perdu.

Das übrige weißt Du.

Seit vier Jahren habe ich, glücklicher als Lord B. vielleicht, weil ich weniger Dichter bin, Ruhe in dem Familienglück gefunden. Meine *Frau* ist sehr gut, und meine Kinder finde ich reizend. Wir leben unter uns und hassen die Zudringlichen und Besuche. »Glücklich, der am eignen Herde lebt, und – möchte ich hinzusetzen – keine Verse macht!« Du hältst mir vielleicht die Ansicht einiger Philosophen entgegen, aber ich antworte Dir, daß die Philosophen bei mir niemals in großem Ansehen gestanden haben. *»Ich fühle mein Herz«,* sagte einer von ihnen, und *kenne die Bären.* – Die Heiligen achte und verehre ich, und ich werde mich wohl hüten, sie mit den Philosophen zu verwechseln.

Ich für meinen Teil bitte die Götter und Göttinnen, mir bis zu meinem letzten Stündlein die Seelenruhe und die volle Erkenntnis der Naturgesetze zu erhalten. Was könnte ich auch mehr von ihnen verlangen? Gießt nicht die Najade des Felsens aus ihrer unerschöpflichen und wohltätigen Urne das reine Wasser, das meinen Durst löscht? Beschattet nicht der geliebte Baum der Kybele mit seinen immergrünen Zweigen meine Wohnung? Tanzen nicht immer die Dryaden im Schatten dieser Wälder, die so alt sind wie die Welt? Habe ich nicht alles, was den Bedürfnissen eines Bären ohne Ehrgeiz genügen kann? Das übrige hängt von mir ab, Gott sei Dank, ich fühle, daß ich jetzt mein Schicksal ganz und gar beherrsche. Ich lebe ruhig auf meinem Berge hoch über den Stürmen und Unwettern, und gleich dem Rohre beneide ich das Geschick der ruhelosen Welle nicht, die sich ächzend an dem Ufer bricht. In dieser Gesinnung hoffe ich meinen Lebenslauf fortzusetzen, bis mein Geist endlich sich zu dem glänzenden Sternbild emporschwingt, das droben am Himmel von dem Adel unseres Geschlechts zeugt.

Amen!

Russisches Volksmärchen
Bauer, Bär und Fuchs

Ein Bauer und ein Bär waren unzertrennliche Freunde. Einmal wollten sie Rüben säen. Sie säten die Rüben und beredeten sich, wer was haben sollte. Der Bauer sagte: »Für mich die Wurzeln, für dich, Mischa, was oben ist.« Als die Rüben schön groß waren, nahm sich der Bauer die Wurzeln, der Bär dagegen, was oben war. Da merkt er, daß er es falsch gemacht hat, und sagt zum Bauern: »Du hast mich übers Ohr gehauen. Wenn wir wieder etwas säen, sollst du mich nicht noch einmal so an der Nase herumführen.«

Ein Jahr war vergangen, da sagt der Bauer zum Bären: »Komm, Mischa, laß uns Weizen säen.« – »Immer zu«, sagt der Bär, und sie säten Weizen. Als der Weizen reif war, sagt der Bauer: »Was willst du jetzt nehmen, Mischa? Die Wurzeln, oder was oben ist?« – »Nein, Bruder, diesmal wirst du mich nicht übers Ohr hauen. Gib mir die Wurzeln und nimm du, was oben ist.« Sie ernteten den Weizen und teilten. Der Bauer drosch ein wenig Weizen, buk sich Brot, ging damit zum Bären und sagt: »Sieh nur, wie schön das Obere ist!« – »Bauer«, sagt der Bär, »jetzt bin ich böse auf dich, ich will dich fressen!« Der Bauer ging weg und brach in Jammern aus.

Da kommt der Fuchs und sagt zu ihm: »Was jammerst du?« – »Wie soll ich nicht jammern, wie soll ich nicht klagen? Der Bär will mich fressen!« – »Hab keine Angst, Onkel, er wird dich nicht fressen!« Er versteckte sich hinter den Sträuchern und hieß den Bauern stehenzubleiben und zu warten; kam wieder heraus und fragt: »Bauer, gibt es hier nicht ein paar Wölfe oder Bären?« Der Bär aber ging zu dem Bauern hin und sagt: »Ach, Bauer, sag nichts, ich will dich auch nicht fressen.« Antwortet der Bauer dem Fuchs: »Nein!« Der Fuchs lachte und sagte: »Und was ist das, was dort am Wagen liegt?« Der Bär sagt dem Bauern leise ins Ohr: »Sag, es ist ein Holzklotz.« – »Wenn's ein Holzklotz wäre, dann wäre er auf dem Wagen festgebunden«, antwortete der Fuchs und lief wieder hinter die Sträucher. Der Bär sagte zum Bauern: »Binde mich und leg mich auf den Wagen!« Das tat der Bauer.

Nun kehrte der Fuchs wieder zurück und fragt den Bauern: »Bauer, hast du nicht ein paar Wölfe oder Bären zur Hand?« – »Nein!« sagte der Bauer. »Und was ist das, was dort auf dem Wagen liegt?« – »Ein Holzklotz.« – »Wenn's ein Holzklotz wäre, steckte eine Axt darin!« Der Bär sagt leise zum Bauern: »Hau deine Axt in mich hinein.« Der Bauer hieb ihm die Axt in den Rücken, da war der Bär tot. Kam der Fuchs hervor und sagt zum Bauern: »Bauer, was gibst du mir nun für meine Arbeit?« – »Ich will dir ein Paar weiße Hühner geben. Da nimm, sieh aber nicht hinein.«

Der Fuchs bekam vom Bauern einen Sack und zog davon. Er trug und trug ihn und denkt: »Ich will doch einmal hineinsehen.« Sah hinein, da waren zwei weiße Hunde darin. Die Hunde springen heraus und jagen ihm nach. Der Fuchs rannte und rannte und kroch in ein Loch unter einem Baumstumpf. Wie er so sitzt, spricht er vor sich hin: »Öhrlein, was habt ihr getan?« – »Wir haben immer gelauscht.« – »Und ihr, Beine, was habt ihr getan?« – »Wir sind immer gelaufen.« – »Und ihr, Äuglein?« – »Wir haben immer ausgeschaut!« – »Und du, Schwanz?« – »Ich habe dich immer beim Rennen behindert!« – »So, so, du hast mich immer behindert? Wart, ich werd's dir zeigen!« Und damit steckte er den Schwanz hinaus, wo die Hunde waren. Die Hunde packten den Schwanz, zogen den Fuchs heraus und rissen ihn in Stücke.

Christian Fürchtegott Gellert
Der Tanzbär

Ein Bär, der lange Zeit sein Brot ertanzen müssen,
Entrann und wählte sich den ersten Aufenthalt.
Die Bären grüßten ihn mit brüderlichen Küssen
Und brummten freudig durch den Wald,
Und wo ein Bär den andern sah,
So hieß es: »Petz ist wieder da!«
Der Bär erzählte drauf, was er in fremden Landen
Für Abenteuer ausgestanden,

Was er gesehn, gehört, getan,
Und fing, da er vom Tanzen red'te,
Als ging' er noch an seiner Kette,
Auf polnisch schön zu tanzen an.

Die Brüder, die ihn tanzen sahn,
Bewunderten die Wendung seiner Glieder,
Und gleich versuchten es die Brüder;
Allein anstatt wie er zu gehn,
So konnten sie kaum aufrecht stehn,
Und mancher fiel die Länge lang danieder.
Um desto mehr ließ sich der Tänzer sehn;
Doch seine Kunst verdroß den ganzen Haufen.
»Fort«, schrien alle, »fort mit dir!
Du Narr willst klüger sein als wir?«
Man zwang den Petz, davonzulaufen.

Sei nicht geschickt, man wird dich wenig hassen,
Weil dir dann jeder ähnlich ist;
Doch je geschickter du vor vielen andern bist,
Je mehr nimm dich in acht, dich prahlend sehn zu lassen.
Wahr ist's, man wird auf kurze Zeit
Von deinen Künsten rühmlich sprechen;
Doch traue nicht, bald folgt der Neid
Und macht aus der Geschicklichkeit
Ein unvergeblíches Verbrechen.

Michael Koseler
Bärlkönig

Wer stapft so laut durch Nacht und Wald?
Es ist ein Bär namens Theobald.
Er hat einen Honigtopf wacker im Arm,
er faßt ihn sicher, er hält ihn warm.

Was aber birgt Theo so bang sein Gesicht?
Siehst, Leser, du den Honigdieb nicht?
Den Honigdieb mit der kalten Hand,
die stets den Weg ins Einmachglas fand.

Theo ist tapfer, ihn ängstigt kein Hieb,
ihn grauset's nur vor dem Honigdieb.
Mit tausend Pfoten greift's nach dem Glas
und flüstert und wispert – Theo wird blaß.

Der Bär eilt weiter, er trabt durch die Nacht,
um den Nektar zu retten, von Bienen gemacht;
erreicht seine Höhle – er kann nicht mehr.
In seinen Armen das Glas war leer.

Theodor Storm
Hans Bär

In einem alten Fichtenwalde wohnte einmal vor vielen, vielen Jahren ein armer Köhler mit seiner Frau, die ihm erst vor kurzem ein gesundes Knäblein geschenkt hatte, das in der Taufe den Namen Hans empfing. Dieser entwickelte bald nach seiner Geburt eine solche Körperstärke, daß er drei kleine Hündchen, die die Eltern ihm als Spielkameraden beigegeben hatten, der Reihe nach mit seinen Händchen zu Tode drückte. Darüber schalten sie nun wohl den Knaben; in ihrem Herzen aber freuten sie sich über die so wunderbaren Anlagen ihres Söhnleins und gedachten noch einmal etwas Großes aus ihm zu ziehen. Doch nicht lange sollten sie solcher Freude genießen, wie ich dir sogleich erzählen werde. – Es hauste nämlich in diesem selbigen Walde ein ungeheurer Bär; dem hatten die Jäger seine beiden Jungen genommen, worüber er sehr betrübt war und Tag und Nacht vor Schmerz im Walde umherheulte. So kam er auch einst vor das Haus des Köhlers, wo der kleine Hans an der Erde saß und spielte.

Als der Bär ihn gewahrte, ward er noch lebhafter gemahnt, an seine eignen Kindlein zu denken, und um Rache zu nehmen an den bösen Menschen, die sie ihm geraubt hatten, fuhr er auf den kleinen Hans zu, um ihn zu fressen. Hans aber riß ein Bäumchen aus der Erde und schlug so tapfer auf den großen Bären los, daß dieser, erstaunt über die Kraft und den Mut des Kindes, bald ganz andern Sinnes ward und bei sich selber dachte: Den Jungen sollst du mit in deine Höhle nehmen und ihn säugen mit deiner Milch und ihn so stark machen, wie es wohl sonst deine eignen Bärlein geworden wären, damit er dich wieder pflegen und schützen kann, wenn du einmal alt und schwach geworden bist. Solches dachte die alte Bärenmutter in ihrem Sinn, nahm dann trotz seines Schreiens und Sträubens den kleinen Hans gar sanft zwischen ihre Vordertatzen und trabte mit ihm waldeinwärts ihrer Höhle zu.

Kaum war sie daselbst angekommen, so legte sie auch sogleich ihr neues Pflegesöhnlein auf das weiche Lager, das sie vorher ihren eignen Kindern bereitet hatte, schüttelte ihm die Streu zurechte und brummte ihn gar freundlich an, daß Hänschen sich allmählich beruhigte und endlich vor Ermattung und Müdigkeit einschlief.

Als er am andern Morgen die Augen aufschlug, sah er den alten Bären vor seinem Lager sitzen, der ihm mit seinen Tatzen eine Menge schöner, roter Erdbeeren darreichte, die er in der Frühstunde für ihn im Walde gepflückt hatte; dann bot er ihm seine Brust und säugte ihn mit seiner Milch, so daß Hänschen gar vergnügt ward und den alten Bär bald auf dem breiten Rücken klopfte, ihn bald in seinem zottigen Pelz zauste, daß es eine Lust war. – Als sie es so eine Weile getrieben hatten, ging der Bär wieder aus der Höhle, wälzte aber, bevor er wegging, einen ungeheuren Stein vor die Öffnung, daß unserm Hänschen rein Tor und Tür versperrt war, so gerne er auch hinterdrein gewesen wäre.

So ging's eine Zeitlang fort; morgens ging der Bär aus, und mittags kam er wieder nach Hause, wo er denn immer eine schöne Beere oder Blume für sein Pflegesöhnlein mitbrachte, und nachdem er eine Weile mit ihm gespielt hatte, trabte er wieder bis gegen Abend im Walde umher, wälzte aber zu Hänschens großem Verdrusse stets den bösen Stein vor die Öffnung der Höhle. – Nach und nach war Hänschen nun immer stärker und größer geworden, wozu der Genuß der kräftigen Bärenmilch wahrlich nicht wenig beigetragen hatte; und je stärker und größer er ward, desto verdrießlicher ward ihm der große Stein, der ihm den Weg zu dem schönen grünen Wald versperrte; und als eines Morgens der alte Bär wie gewöhnlich waldeinwärts getrabt war, um sich eine süße Portion Honig oder ein fettes Häschen zur Frühkost zu suchen, da setzte Hänschen mit aller seiner Macht den Rücken gegen den Stein, brachte ihn aber trotz seines Stampfens und Keichens nur ein kleines von der Stelle; und als nun der alte Bär nach Hause kam und es gewahrte, daß der Stein verschoben war, da sah er Hänschen gar grimmig an und legte nur noch mehr Steine vor die Tür, als er das nächste Mal die Höhle verließ. So mußte Hänschen sich denn fürs erste in Geduld fassen; denn teils reichten seine Kräfte noch nicht hin, die Steine gänzlich von der Öffnung hinwegzuschieben, teils fürchtete er sich gar sehr vor dem Zorne des Bären, wenn dieser sähe, daß Hänschen trotz aller seiner Pflege einen zweiten Versuch zum Entfliehen machte. Als er aber endlich merkte, daß er groß und stark genug sei, um die Steine alle hinwegstoßen zu können, da hielt er's nicht länger aus: Mit aller Macht stemmte er sich, als der Bär seine gewöhnliche Nachmittagsreise angetreten hatte, wieder einmal gegen die Steine – – und wer beschreibt die Freude! Knicks, knacks! ging es, und rechts und links fielen und brachen die großen Steine auseinander. Da stand er nun in Gottes freier Natur, in die er sich so lange hinausgesehnt hatte, und um ihn rauschten die hohen, grünen Bäume, und über ihm sangen die muntern Waldvögelein ihre hellen Lieder, daß ihm wohl gar froh und leicht ums Herz gewesen wäre, wenn er sich nicht gefürchtet hätte, der Bär möchte ihn wieder in die Höhle zurückbringen. Deshalb lief er, so schnell ihn die Füße nur tragen wollten, immer der Nase nach vorwärts, bis er endlich an eine Köhlerhütte kam. –

Indessen war es Abend geworden, und der Köhler ruhte mit seiner Frau schon aus nach der Arbeit des Tages; deshalb klopfte Hans, da er noch immer eine große Furcht vor dem Bären hatte, gar gewaltig an die Haustür, und als die guten Leute ihm endlich aufgemacht hatten und nach seinem Begehr fragten, bat er sie inständigst, ihn doch als Knecht in ihre Dienste zu nehmen, und erzählte ihnen seine ganze Geschichte, soweit er selber darum wußte. Der Köhler und seine Frau aber betrachteten ihn mit scharfen Augen und erkannten gar bald an einem schwarzen Wärzchen, das Hänschen an der linken Schulter hatte, daß der Schutzflehende niemand anders sei als ihr eignes Söhnlein, das sie vor vielen Jahren auf so wunderbare Weise verloren hatten. – Wer war vergnügter als Hans, daß er so unvermutet seine lieben Eltern wiedergefunden hatte! Wer war vergnügter als der Köhler und seine Frau, als sie so unvermutet ihren lieben Sohn wiederfanden, der noch dazu aus einem kleinen Hänschen jetzt ein großer Hans geworden war. –

Als er nun eine geraume Zeit bei ihnen verweilt und ihnen oft genug seine wunderbare Geschichte vorerzählt hatte, so sehnte er sich endlich in die Fremde und kündigte eines Tages seinen Eltern an, daß er große Lust habe, sich einmal auf die Wanderschaft zu begeben; und da diese nichts dawider hatten, so schnürte er eines Morgens sein Bündel und ging davon.

Da er sich nun genugsam im Lande umgetan hatte, so ward er des längern Wanderns müde; und als er einst einen großen, stattlichen Bauernhof sahe, so bedachte er sich nicht lange, sondern kehrte alsobald ein und bot dem Hofherrn seine Dienste an. Dieser aber, als er sahe, daß es ein großer und starker Bursche war, fragte ihn nach seinem Namen und nahm ihn als Knecht in sein Haus. Zu derselbigen Zeit waren die Früchte gereift in den Obstgärten; daher ward Hans am andern Morgen in den Garten geschickt, um seines Herrn Obstbäume zu schütteln. Als er aber sein Schütteln anfing, da brach er von den Bäumen die Zweige samt den Früchten herunter, und als sein Herr bald nachher in den Garten trat, um die Arbeit seines neuen Knechtes nachzusehen, da sprach Hans gar treuherzig zu ihm: »Herr, eure Obstbäume müssen wohl gar alt und spröde sein, denn da ich die Früchte schütteln wollte, brachen die Zweige mit herunter!« Der Herr aber gab ihm böse Worte, daß er ihm seine schönen Bäume verdorben habe; dann schickte er ihn in den Wald, um Holz zu fällen, und gab ihm eine blanke Axt mit auf den Weg. Hans aber warf die Axt beiseite und suchte sich eine starke eiserne Kette. Als er diese gefunden hatte, ging er, wie ihm befohlen war, in den Wald, befestigte bald an diesen, bald an jenen Baum seine Kette und riß so einen nach dem andern mit der Wurzel aus, bis gegen Abend sein Herr mit den andern Knechten zu Wagen angefahren kamen, um das gefällte Holz nach Hause zu holen. –

Als sie aber sahen, daß der halbe Wald mit der Wurzel aus der Erde gerissen sei, wollten sie schier nicht ihren Augen trauen und fragten einer um den andern: »So sprich uns doch, Hans, wer hat dir solche Leibeskraft gegeben, daß du an einem Tage schaffest, was unsrer zehen nicht in hundert Tagen zu tun vermöchten!« –

Hans, der bei aller seiner Stärke doch sehr gutherzig und gefällig von Natur war, befriedigte allen ihre Neugier und erzählte seine Geschichte der Wahrheit gemäß; dann lud er zwei der dicksten Eichbäume auf seine Schultern und ging gemächlich damit nach Hause. Die andern aber standen noch lange im Walde und suchten vergeblich die ausgerißnen Bäume auf ihre Karren und Wagen zu laden.

Bald ward die Geschichte weit und breit bekannt, und weil Hans von einem Bären gesäugt und gezogen und dadurch auch die Stärke eines Bären erhalten hatte, so ward er allenthalben nur Hans Bär genannt.

Den Hofherrn und seine Knechte war über eine so unmäßige Leibesstärke ein gewaltiges Fürchten angekommen, weshalb sie den starken Hans auf alle mögliche Weise loszuwerden suchten, was ihnen aber durchaus nicht gelingen wollte. – Da hielten sie heimlich einen bösen Rat und besprachen sich, wie sie den guten Hans Bär ums Leben bringen wollten, damit er ihnen durch seine Stärke nicht noch einmal groß Leids zufüge. –

Nachdem sie sich also beraten, trat eines Tags der Herr auf Hansen zu und sprach: »Siehe, meine Muhme hat mir vertrauet, daß ihr Vater in dem Brunnen auf meinem Hofe einen Schatz vergraben habe, und da durch die Hitze das Wasser ausgetrocknet ist, so steige du hinab und grabe danach, ob du ihn finden mögest!« Hans tat, wie ihm befohlen.

Kaum aber war er hinabgestiegen, so kam der Herr mit seinen andern Knechten und warfen Steine in den Brunnen hinab, indem sie glaubten, ihn so leichtiglich aus dem Wege zu räumen. Hans merkte nun freilich ihre böse Absicht gar wohl; da ihm ihre Steinwürfe aber keine Schmerzen verursachten, so ließ er sie ruhig gewähren. Doch als sie nach und nach wohl einige Hundert Steine hinabgeworfen hatten, da riß ihm endlich die Geduld.

»So jagt mir doch die Hühner vom Brunnen«, rief er ihnen von unten zu, »daß sie mir nicht also den Sand in die Augen streuen, oder ich werde euch nie und nimmer den Schatz aus dem Brunnen herausgraben!«

Als der Herr und seine Knechte solche Reden hörten, erschraken sie sehr; nachdem sie sich aber etwas von ihrem Schrecken erholt hatten, wälzten sie einen großen Mühlenstein zum Brunnen und stürzten ihn hinab. – Nun glaubten sie doch sicher, sich den gefährlichen Hans Bär vom Leibe geschafft zu haben. Aber Hans Bär fing den Mühlstein auf und steckte seinen Kopf durch das Loch, daß ihm der Stein wie ein Kragen um den Hals hing, und als sie in den Brunnen hinabsahen, um sich seines Todes zu versichern, da rief er ihnen lachend zu: »Was, wollt ihr mich noch gar zum Pfaffen machen, daß ihr mir einen so gewaltigen Priesterkragen um den Hals hängt! Doch jetzt laßt's zu Ende sein mit der Narretei, und zieht mich heraus!« Und somit schleuderte er den Mühlstein aus dem Brunnen hervor, daß einer der bösen Knechte darunter begraben wurde. Die andern aber fürchteten sich heftig und zogen ihn alsobald heraus. Der Herr aber sah, daß sie viel zu schwach seien, um einem so starken Manne das Leben zu nehmen, und bot ihm schweres Gold, wenn er sich wegen ihres bösen Willens nicht an ihnen rächen, sondern sein Bündel schnüren und das Haus verlassen wolle. – Und Hans, der sich noch weiter in der Welt umsehen wollte, nahm das Gold, schnürte sein Bündel und ging davon.

Als er nun einige Tage marschiert hatte, so hörte er weit und breit gar viel Geredes von der großen Schönheit der Königstochter; zugleich aber vernahm er, wie ein ungeschlachter Riese sie zu seinem Ehgemahl begehre und wie darüber der König, ihr Vater, gar sehr in Angst und Nöten sei, so daß er jedem, der den Riesen erlege, die Hälfte seines Reichs und seine Tochter zur Gemahlin versprochen habe.

Hans wurde immer neugieriger, die schöne Prinzessin zu sehen. Denn je näher er der Königsstadt kam, desto mehr hörte er von ihrer unvergleichlichen Schönheit und Herzensgüte reden. Endlich war die Stadt erreicht. –

Da saß die schöne Königstochter und schaute aus dem Erkerfenster ihres Schlosses und weinte gar bittere Tränen, daß ein so abscheulicher Riese sie als sein Ehgemahl hinwegführen sollte.

Hans war so von ihrem Anblick bezaubert, daß er sogleich bei sich beschloß, den Kampf mit dem Riesen zu bestehn, der schon drei schöne und tapfre Ritter erschlagen hatte, die um die Königsbraut mit ihm zu fechten wagten. Daher ging er alsobald zu einem Waffenschmidt und kaufte sich für das Gold, das er von seinem frühern Herrn empfangen hatte, einen schönen Helm, einen blanken Eisenrock, vor allen Dingen aber ein scharfes, starkes Schwert. So ausgerüstet, trat er vor den König und bat ihn um die Erlaubnis, mit dem Riesen zu kämpfen. Dieser aber gab ihm seinen Segen und versprach ihm seine Tochter und sein halbes Reich, falls er den Riesen erlegen sollte. Als Hans aber hinweggegangen war, da warf sich der gute König auf seine Knie und betete für seine Seele; denn er glaubte sicherlich, daß auch er, wie die andern drei, seinen Todesstreich empfangen würde.

Hans suchte indessen den Riesen auf, um ihn zum Zweikampf herauszufordern. Als der ihn kommen sahe, glaubte er wieder gar leichtes Spiel zu haben. Deshalb lehnte er sich gemächlich an einen Baumstamm und höhnte ihm entgegen: »Männlein, bist du vielleicht auch kommen, mir den Hals zu brechen, so versuche doch einmal, bevor du deinen schrecklichen Sarraß gegen mich ziehest, wie hoch du mein Schwertlein da von der Erde heben mögest!« Und somit schnallte er sich sein ungeheures Schlachtschwert von der Hüfte und warf es auf den Grund. Als der Riese solches tat, vermeinte er aber, daß Hans, wie die drei andern, es gar nicht vom Boden würde aufheben können. Hans aber hub mit einer Hand das furchtbare Schwert hoch über seinen Kopf und schleuderte es weit von sich weg, daß es bis an den Griff in die harte Erde hinabfuhr. – Da dachte der Riese bei sich selber: Der ist wohl noch stärker als du, und redete ihm zu und sprach: »Ich sehe nun gar wohl, daß ich dir Unrecht getan habe und daß du ein nicht gemeiner Kämpfer bist; deshalb laßt uns Frieden schließen miteinander; denn zwei so wackre Streiter sollten billig als Freunde auseinanderscheiden. Siehe, ich gebe dir soviel Gold und Goldeswert, als du nur immer auf drei Wagen hinwegzuführen vermagst. Du aber ziehe deine Wege, und laß mir die schöne Königstochter; denn ich liebe sie mehr als alles Gold und Edelsteine der Erde.«

Hans aber liebte die schöne Königstochter selber mehr denn alles Gold und Edelstein der Erde, ja mehr denn sein eignes Leben und hörte nicht darauf, was der Riese sprach, sondern zog alsobald sein Schwert, und der Riese mußte nun das seinige aus der Erde herausziehen, wohin Hans es soeben geschleudert hatte. Hu, wie da die Schwerter aneinanderschmetterten, daß die hellen Funken heraussprangen. Doch nicht lange, da trennte Hans mit einem gewaltigen Hiebe den Kopf des Riesen vom Rumpfe, daß von seinem schwarzen Blute rings die grüne Erde bespritzt ward. Darauf nahm er das abgeschlagene Haupt des Riesen als Zeichen seines Sieges mit sich und ging wieder auf das Schloß des Königs, um ihm die frohe Botschaft von dem Tode seines Feindes zu melden und ihn an sein gegebnes Versprechen zu erinnern.

Als der König ihn so in sein Gemach treten sah, so ging er ihm entgegen und umarmte ihn und freute sich mit ihm seines Sieges. Dann sprach er zu ihm: »Komm mit mir, mein Sohn, daß ich dich zu der Prinzessin, meiner Tochter, führe und dir die Hälfte meines Reiches abtrete.« Und als sie nun zu der schönen Königstochter kamen, da freute auch sie sich über den Tod des bösen Riesen und über den schönen Mann, den ihr der König als zukünftigen Gemahl zuführte. Denn obgleich Hans Bär von großer Leibesstärke war, so war seine Schönheit doch nicht geringer denn seine Stärke. Daher freute sich die Prinzessin gar sehr eines so schönen Bräutigams und reichte ihm bald vor dem Altare Herz und Hand.

Kurz nachher starb der alte König, und nachdem sie ihn feierlich begraben und Hans nun auch die andre Hälfte des Reichs von seinem Schwiegervater ererbt hatte, fuhr er alsbald mit seiner Gemahlin nach seiner Heimat, um seine Eltern und Geschwister mit sich nach seiner Residenz zu nehmen.

Wie diese erstaunten, als die große goldne Kutsche vor die niedrige Tür der Köhlerhütte rollte und stillehielt, brauche ich dir wohl nicht erst zu beschreiben! Und als sie nun vollends in dem Könige ihren lieben Sohn Hans erkannten, der ihnen die schöne Prinzessin als ihre Schwiegertochter zuführte, da war gar des Staunens und der Freude kein Ende! Hans aber fuhr mit Eltern und Geschwistern und seinem ganzen Gefolge nach der Bärenhöhle, zu seiner alten Pflegemutter. Und als sie nun nicht mehr weit davon waren, da fingen sie alle an, sich zu fürchten, und baten den König umzukehren. Doch er beruhigte sie und ging, da sie alsbald bei der Höhle angekommen waren, ohne alle Begleitung hinein. – Doch wie erschrak er! – Da lag der gute Bär gar kümmerlich auf seinem Lager hingestreckt und wollte sterben. Denn da er so krank und schwach war, daß er sich selbst keine Speise mehr aus dem Walde holen konnte, so wäre er beinahe den Hungertod gestorben, wenn König Hans nicht noch zur rechten Zeit darüber zugekommen wäre.

Als der Bär seinen Pflegesohn erkannte, wollte er sich aufrichten, um ihm entgegenzukriechen; doch seine Kräfte versagten ihm, und er fiel wieder auf sein Lager zurück. Hans aber rief seinen Dienern zu, ihm Speis und Trank zu bringen; dann setzte er sich zu seinem Bären auf die Streu und streichelte ihn mit seinen Händen und pflegte ihn auf alle Weise. – Und der Bär leckte mit seiner rauhen Zunge die Hände des Königs und sahe ihn gar freundlich an, als wollte er sagen: So kommst du doch endlich noch, um mir den letzten Dienst zu erweisen, und ich habe dich doch nicht umsonst gesäugt und gepflegt. –

Nach und nach waren alle in die Höhle getreten, und die Königin legte den Kopf des alten Bären auf ihren Schoß, indem sie ihn mit ihren schönen Händen streichelte und sich, wie ihr Gemahl, auf alle mögliche Weise um ihn beschäftigte.

Doch alles umsonst! Der gute Bär war zu alt und zu schwach, um noch länger leben zu können. – Nachdem er noch einen dankbaren Blick auf den König und seine schöne Gemahlin geworfen hatte, streckte er seine Glieder aus und verschied. Der König aber weinte um seine alte Pflegemutter, und alle waren gar sehr betrübt über den Tod des guten Tieres und standen noch lange an seinem Lager.

Dann begruben sie ihn unter dem Stamm einer alten Eiche und fuhren alle nach der Königsstadt zurück, wo Hans Bär, der König, noch viele Jahre mit seiner schönen Gemahlin glücklich und in Frieden regierte.

Michael Bond
Paddington bietet mit

Paddingtons Freund Mr. Gruber konnte gar nicht aufhören zu lachen, als er von den Ereignissen bei der Bootspartie erfuhr.

»Nein, wirklich, Mr. Brown«, sagte er und wischte sich die Augen, »Ihnen passiert aber auch immer etwas. Ich wünschte, ich wäre dabeigewesen.«

Es war am nächsten Morgen. Paddington war so früh wie möglich um die Ecke zu Mr. Gruber gerannt, um ihm alles zu erzählen.

Mr. Gruber hatte einen Antiquitätenladen auf der Portobello Road, nicht weit vom Haus der Browns. Paddington schaute gewöhnlich auf seinem morgendlichen Einkaufsweg bei Mr. Gruber herein, und dann nahmen sie gemeinsam ihr Elf-Uhr-Häppchen zu sich, bestehend aus einem Windbeutel und einer Tasse Kakao. In jüngeren Jahren hatte Mr. Gruber in Südamerika gelebt, und die beiden konnten stundenlang in ihren Liegestühlen draußen auf dem Gehsteig sitzen und sich ausgiebig über das Finsterste Peru unterhalten. Paddington freute sich immer darauf, Mr. Gruber zu treffen, und bot auch gerne seine helfende Pfote an, wenn es im Laden viel zu tun gab.

Die meisten Geschäfte auf der Portobello Road waren interessant, aber der Laden von Mr. Gruber war der allerschönste. Es war, als würde man in Aladins Wunderhöhle eintreten. Da hingen Schwerter und alte Rüstungen an den Wänden, da standen stapelweise schimmernde Kupfer- und Messingtöpfe auf dem Boden, Bilder, Porzellannippes, Möbel und Geschirr türmten sich bis an die Decke; irgendwie schien es bei Mr. Gruber einfach alles zu geben, und die Leute kamen von nah und fern, um seinen Rat einzuholen.

Hinten im Laden befanden sich außerdem mehrere große Bücherregale mit schönen alten Büchern. Mr. Gruber ließ Paddington jederzeit etwas nachschlagen, wenn irgendwelche Fragen aufkamen. Paddington fand das sehr praktisch. Die öffentliche Leihbücherei hatte nämlich keine Abteilung für Bären, und die Bibliothekare beäugten ihn immer mißtrauisch, wenn er durch das Fenster hineinschaute.

Nachdem Paddington mit seinem Bericht von der Bootspartie fertig war, trat eine kleine Gesprächspause ein, und die beiden widmeten sich ihren Windbeuteln und dem Kakao. Gemütlich räkelte Paddington sich im Liegestuhl, genoß die Aussicht und beobachtete die Passanten, da fiel sein Blick zum ersten Mal an diesem Morgen in Mr. Grubers Schaufenster. Verwundert nahm er wahr, wie ungewöhnlich leer es aussah.

»Ah«, sagte Mr. Gruber, der Paddingtons Blick gefolgt war. »Gestern war im Laden viel zu tun. Während Sie sich einen tollen Tag auf dem Fluß gemacht haben, kam hier ein ganzer Trupp amerikanischer Touristen herein. Die haben fast alles aufgekauft.«

»Die Sache ist die«, fuhr er fort. »Das Geschäft ging dermaßen gut, daß ich heute nachmittag zu einer Versteigerung muß, um wieder Ware einzukaufen.«

»Eine Versteigerung?« fragte Paddington hochinteressiert. »Wie sieht denn das aus, Mr. Gruber?«

Mr. Gruber dachte kurz nach. »Nun«, begann er, »das ist ein Ort, wo man alte Sachen an den verkauft, der am meisten dafür bietet, Mr. Brown. Alle möglichen Antiquitäten. Aber das läßt sich nicht gut erklären. Es wäre besser, es Ihnen direkt zu zeigen.«

Mr. Gruber putzte seine Brille und räusperte sich. »Ähem . . . Wäre es Ihnen nicht vielleicht möglich, Mr. Brown, mich heute nachmittag dorthin zu begleiten? Denn dann könnten Sie es sich selbst ansehen.«

»Oooh, ja bitte, Mr. Gruber«, rief Paddington, der bei diesem Gedanken gleich glänzende Augen bekam. »Das würde mir aber sehr gut gefallen.«

Sie trafen sich zwar fast jeden Tag, aber Mr. Gruber hatte immer so viel im Laden zu tun, daß sie selten Gelegenheit hatten, einmal etwas gemeinsam zu unternehmen.

Da betrat ein Kunde den Laden, und nachdem Paddington sich mit Mr. Gruber für nach dem Mittagessen verabredet hatte, lüpfte er seinen Hut und rannte nach Hause, um den anderen davon zu erzählen.

»Hmm«, sagte Mrs. Bird, als sie beim Mittagessen davon erfuhr. »Der arme Auktionator tut mir leid, der irgend etwas verkaufen will, wenn Paddington da ist. Dieser Bär wird alles und jedes um die Hälfte herunterhandeln.«

»Ich will aber doch gar nichts *kaufen,* Mrs. Bird«, sagte Paddington und streckte die Pfote nach einem zweiten Obsttörtchen aus. »Ich werde nur zuschauen.«

Dennoch, als Paddington später aus dem Haus ging, sah Mrs. Bird, daß er seinen alten Lederkoffer bei sich trug, in dem er all sein Geld aufbewahrte.

»Nur für alle Fälle«, sagte Paddington und winkte zum Abschied mit der Pfote. »Keine Sorge, Mrs. Bird.«

»Solange er uns nicht mit einer Wohnzimmergarnitur

zurückkommt, soll's mir egal sein«, sagte Mrs. Bird und schloß die Tür. »Und wenn doch, dann wandert sie in den Garten.«

Beim Eintreten in den Auktionssaal war Paddington sehr aufgeregt. Mr. Gruber hatte extra seinen feinsten Anzug angezogen, und als sie durch die Türe traten, drehten sich viele Leute nach ihnen um und starrten sie an.

Nachdem er zwei Kataloge gekauft hatte, drängte sich Mr. Gruber nach vorne durch. Er wollte Paddington möglichst gute Sicht verschaffen. Auf dem Weg stellte er ihn verschiedenen anderen Antiquitätenhändlern mit den Worten »Mr. Brown aus dem Finstersten Peru – ein junger Bärenfreund von mir, der sich für Antiquitäten interessiert« vor.

Alle schüttelten Paddington die Pfote und flüsterten, sie seien sehr erfreut, ihn kennenzulernen.

Es war überhaupt nicht so, wie Paddington es sich vorgestellt hatte. Im Grunde glich die ganze Sache einem großen Antiquitätenladen, mit Kisten und Tischen, vollgepackt mit Silber und Porzellan, rings an den Wänden entlang. Eine Menge Leute standen in der Mitte des Saales, alle waren sie einem Mann zugewandt, der auf einem Podium stand und mit einem Hammer in der Luft herumfuchtelte.

»Das ist der Auktionator«, flüsterte Mr. Gruber. »Auf ihn sollten Sie achten. Er ist der wichtigste Mann hier.«

Höflich lüpfte Paddington seinen Hut vor dem Auktionator, setzte sich dann auf seinen Koffer und sah sich aufmerksam um. Schon nach kurzer Zeit beschloß er, daß er Versteigerungen mochte. Alle waren so nett und freundlich. Ja, kaum hatte er es sich einigermaßen gemütlich gemacht, da winkte ihm jemand von der anderen Ecke des Saales aus zu. Paddington stand auf, lüpfte seinen Hut und winkte freundlich mit der Pfote zurück.

Gerade hatte er sich wieder hingesetzt, da winkte der Mann ein zweites Mal. Als höflicher Bär stand Paddington wieder auf und winkte noch einmal mit der Pfote zurück.

Zu seiner Verwunderung hörte der Mann prompt auf zu winken und funkelte ihn statt dessen böse an. Paddington funkelte zurück und setzte sich hin, um nun dem Mann auf dem Podium zuzuschauen, der schon wieder mit dem Hammer zugange war.

»Zum ersten ...«, rief der Mann und haute auf den Tisch. »Zum zweiten ... und zum dritten! Verkauft an den jungen Herrn Bären mit Hut für zwei Pfund fünfzig!«

»O nein«, sagte Mr. Gruber. Er sah bestürzt aus. »Ich fürchte, Sie haben gerade eine Werkzeugkiste gekauft, Mr. Brown.«

»Was!« rief Paddington und fiel vor Staunen fast vom Koffer. *»Ich habe eine Werkzeugkiste gekauft?!«*

»Nun machen Sie schon«, sagte der Auktionator barsch. »Sie halten hier den Betrieb auf. Bitte bezahlen Sie am Tisch.«

Paddington sprang auf und fuchtelte mit den Pfoten in der Luft herum. »Eine Werkzeugkiste!« rief er. »Aber ich habe doch gar nichts gesagt!«

Mr. Gruber sah sehr verlegen aus. »Ich fürchte, es ist alles meine Schuld, Mr. Brown«, sagte er. »Ich hätte Ihnen vorher erklären müssen, wie es bei Versteigerungen zugeht. Die Werkzeugkiste übernehme *ich* nun wohl – Sie können ja nichts dafür.«

»Wissen Sie, Mr. Brown«, fuhr er fort, als er vom Bezahlen zurückkam, »auf einer Versteigerung muß man sich sehr in acht nehmen.«

Und Mr. Gruber erklärte ihm, daß der Auktionator jeden Gegenstand zum Verkauf anbot, und wenn jemand einen Preis dafür geboten hatte, konnte jeder, der wollte, den ersten überbieten.

»Wenn Sie dann mit dem Kopf nicken, Mr. Brown«, sagte er, »oder sich auch nur an der Nase kratzen, nehmen die das sofort als Zeichen, daß Sie etwas kaufen wollen. Vermutlich hat der Auktionator gesehen, daß Sie den Hut gezogen haben, und dann dachte er, Sie steigern mit.«

Paddington war sich nicht sicher, ob er Mr. Gruber richtig verstanden hatte, aber nachdem er sich vergewissert hatte, daß der Auktionator nicht herüberschaute, nickte er schnell. Danach saß er sehr still und beobachtete den Fortgang der Dinge.

Zwar sagte er Mr. Gruber nichts davon, aber er fing an, sich zu wünschen, daß er nicht mitgekommen wäre zu der Versteigerung. Die Luft war stickig, der Saal überfüllt, und Paddington hätte sehr gerne seinen Hut abgenommen. Noch dazu saß er auf dem Griff seines Koffers, was auf die Dauer ziemlich unbequem war.

Er schloß die Augen und wollte gerade versuchen, ein kleines Nickerchen zu machen, da stieß Mr. Gruber ihn an und deutete in den Katalog.

»Schauen Sie mal, Mr. Brown«, sagte er. »Das nächste Stück ist hochinteressant. Eine alte Pistole – eine richtige Räuberpistole. Sehr beliebt heutzutage. Ich glaube, die versuche ich zu ersteigern.«

Paddington setzte sich gerade auf und sah erregt zu, wie der Auktionator die Pistole in die Höhe hielt, damit jeder sie sehen konnte. »Nummer vierunddreißig«, rief er. »Wieviel wird geboten für diese echt antike Pistole?«

»Zwanzig Pfund«, kam eine Stimme von hinten.

»Zwanzig Pfund fünfzig«, rief Mr. Gruber und schwenkte seinen Katalog.

»Einundzwanzig Pfund«, rief eine andere Stimme.

»Du liebe Zeit«, sagte Mr. Gruber und rechnete auf dem Katalogrand etwas aus. »Einundzwanzig Pfund fünfzig!«

»Zweiundzwanzig Pfund«, ertönte dieselbe Stimme wieder.

Paddington stellte sich auf seinen Koffer und starrte nach hinten in den Saal. Dann tippte er Mr. Gruber auf die Schulter. »Das ist der Mann, der mich dazu gebracht hat, aus Versehen die Werkzeugkiste zu kaufen«, flüsterte er.

»Na, *dem* dürfen wir die Pistole auf gar keinen Fall überlassen«, rief Mr. Gruber. »Zweiundzwanzig Pfund fünfzig!«

»Dreiundzwanzig Pfund!« schrie Paddington in wilder Aufregung.

»Ähem«, räusperte sich Mr. Gruber taktvoll, um Paddington nicht bloßzustellen. »Wir sollten jetzt nicht auch noch gegeneinander bieten, Mr. Brown.«

»Dreiundzwanzig Pfund sind geboten. Wer bietet mehr?« rief der Auktionator, dem die Sache offensichtlich gefiel.

Als sich niemand meldete, hob er den Hammer. »Zum ersten . . ., zum zweiten . . .«, rief er laut. »Zum dritten!« Der Hammer krachte hernieder. »Verkauft an den jungen Herrn Bären in der ersten Reihe für dreiundzwanzig Pfund.«

Mr. Gruber warf einen verstohlenen Blick in seine Brieftasche. Paddington zu der Versteigerung mitzunehmen, wurde langsam teuer.

»Es tut mir so leid, Mr. Gruber«, sagte Paddington reumütig, als er zurückkam. »Ich war ein bißchen aufgeregt, fürchte ich.«

»Das ist schon in Ordnung«, sagte Mr. Gruber. »Es war immer noch ein sehr günstiger Preis, Mr. Brown – und ich wollte die Pistole wirklich haben. Morgen lege ich sie ins Schaufenster.«

»Ich glaube, ich höre jetzt besser auf mitzubieten«, sagte Paddington unglücklich. »Ich glaube, Bären können das nicht so gut.«

»Unsinn«, sagte Mr. Gruber. »Sie haben Ihre Sache sehr gut gemacht für den Anfang.«

Trotzdem beschloß Paddington, nun eine Weile nichts mehr zu sagen und Mr. Gruber zuzuschauen. Es war doch alles furchtbar kompliziert und kein bißchen wie auf dem Markt, wo er immer alles mit der Pfote anfassen durfte, bevor man anfing, über den Preis zu verhandeln.

Mr. Gruber zeigte ihm verschiedene Gegenstände im Katalog und gab ihm einen Bleistift. So konnte Paddington immer abhaken, was sie gekauft hatten, und den Preis an den Rand schreiben.

Mr. Gruber kaufte und kaufte. Paddington wurde schon ganz schwindelig vom vielen Zahlen-Schreiben, und er war froh, als Mr. Gruber schließlich verkündete, für heute sei es genug. »Das war wirklich ein guter Tag, Mr. Brown«, sagte er mit einem Blick auf Paddingtons Zahlen. »Und herzlichen Dank für Ihre Hilfe. Ich weiß gar nicht, was ich ohne Sie gemacht hätte.«

Paddington schaute kurz von seinem Katalog hoch, den er gerade ernsthaft studiert hatte. »Gern geschehen, Mr. Gruber«, sagte er abwesend. »Entschuldigen Sie, aber was ist denn eine Konfitüren-Servierschale?«

»Eine Konfitüren-Servierschale?« sagte Mr. Gruber. »Nun, etwas, worin man Marmelade oder Honig serviert.«

In Paddingtons Augen trat ein besonderer Glanz. Er machte sich daran, seinen Koffer zu öffnen. »Ich glaube, ich will dafür bieten, Mr. Gruber«, sagte er aufgeregt, während er in sein Geheimfach spähte, um nachzusehen, wieviel Geld er hatte. »Sie kommt als nächstes dran. Ich glaube, ich hätte sehr gerne eine Konfitüren-Servierschale für meine Orangenmarmelade.«

Beunruhigt sah Mr. Gruber zu. »An Ihrer Stelle wäre ich da sehr vorsichtig, Mr. Brown«, sagte er. »Vielleicht ist es eine echte Antiquität, die sehr viel Geld kostet.«

Doch er hatte keine Gelegenheit mehr, Paddington zu sagen, wieviel es wohl kosten würde, denn schon pochte der Auktionator auf seinen Tisch und bat um Ruhe.

»Nummer neunundneunzig«, rief er und hielt einen schimmernden Gegenstand aus Silber in die Höhe. »Eine extravagante Konfitüren-Servierschale. Was wird geboten für dieses wertvolle alte Silber?«

»Fünf Pence«, schrie Paddington.

Im Saal wurde es still. »Fünf Pence?« wiederholte der Auktionator, der seinen Ohren nicht trauen wollte. »Hat da jemand *fünf Pence* gesagt?«

»Ja, ich«, rief Paddington und schwenkte seinen Katalog. »Ich hätte sie gerne für meine Orangenmarmelade. Mrs. Bird schimpft immer, weil mein Marmeladenglas dauernd klebrig wird.«

»Ihr Marmeladenglas wird dauernd klebrig«, wiederholte der Auktionator und fuhr sich mit der Hand über die Stirn. Heute war wirklich ein verrückter Tag. Nichts war so, wie es sein sollte. Manche Sachen waren für viel mehr Geld weggegangen, als er je erwartet hätte. Andere – wie diese Konfitüren-Servierschale – schienen fast überhaupt nichts einzubringen. Er hatte das merkwürdige Gefühl, daß dies alles mit diesem jungen Bären in der ersten Reihe zu tun hatte. Der konnte einem auf eine Art in die Augen starren, daß der Auktionator bislang tunlichst vermieden hatte, seinem Blick zu begegnen.

»Na, na, na«, sagte er und ließ ein hohes, unnatürliches Lachen ertönen. »Gegen einen kleinen Scherz am Rande haben wir ja nichts. Jetzt aber im Ernst: Was wird geboten für dieses wertvolle Stück?«

»Neun Pence«, sagte jemand in den hinteren Reihen. Im Saal wurde gelacht.

»Zehn Pence«, sagte Paddington mit fester Stimme.

Das Gelächter erstarb, und es wurde still. »Wenn Sie

mich fragen«, flüsterte jemand, »ich glaube, dieser junge Bär ist ein Kenner.«

»Vielleicht ist die Schale eine Fälschung«, flüsterte ein anderer. »Immerhin ist es nicht sein erster Kauf an diesem Nachmittag.«

»Außerdem ist er mit dem alten Gruber zusammen hier«, flüsterte der erste. »Und er interessiert sich für Antiquitäten, hat er gesagt, als sie kamen. An Ihrer Stelle würde ich die Finger von dem Ding lassen.«

Der Auktionator starrte auf die Konfitüren-Servierschale in seiner Hand. Er bebte. »Wer bietet mehr als zehn Pence?« donnerte er.

Wieder war es lange still im Saal. »Zum ersten . . .«, rief er, hob den Hammer und sah hoffnungsvoll in die Runde. »Zum zweiten . . .«, Immer noch sagte niemand etwas. »Zum dritten!«

Mit einem lauten Schlag ließ er den Hammer auf den Tisch krachen. »Verkauft an den jungen Herrn Bären in der ersten Reihe für zehn Pence.«

»Vielen herzlichen Dank«, sagte Paddington und eilte nach vorn. »Es macht Ihnen hoffentlich nichts aus, wenn ich in Pennies zahle? Ich habe sie für den Notfall zusammengespart.«

»Pennies?« fragte der Mann. Er wischte sich mit einem fleckigen Taschentuch den Schweiß von der Stirn. »Ich weiß nicht«, sagte er zu seinem Gehilfen. »Ich glaube, ich werde alt. Jetzt lasse ich mich schon von jungen Bären übers Ohr hauen.«

»Ein ausgesprochen günstiger Kauf«, sagte Mr. Gruber anerkennend, nachdem sie den Saal verlassen hatten. Er drehte und wendete Paddingtons Konfitüren-Servierschale in den Händen. »Ich würde sagen, selbst wenn Sie fünfzig Pfund dafür bezahlt hätten, wäre sie jeden Penny davon wert gewesen.«

»Fünfzig Pfund?!« rief Paddington und starrte Mr. Gruber an. »Fünfzig Pfund für einen Marmeladenbehälter?«

»Mindestens«, sagte Mr. Gruber. »Wenn Sie wollen, stelle ich die Schale für Sie in mein Schaufenster, Mr. Brown.«

Paddington dachte kurz und heftig nach. »Ich glaube, ich möchte sie Ihnen gerne schenken«, sagte er schließlich. »Bestimmt hätten Sie niemals eine Werkzeugkiste gekauft, wenn ich nicht dabeigewesen wäre.«

Mr. Gruber war von diesem Angebot sehr gerührt. »Das ist sehr lieb von Ihnen, Mr. Brown«, sagte er. »Wirklich sehr, sehr lieb. Aber ich weiß doch, wie gerne Sie Ihre Orangenmarmelade essen, und von daher wäre es mir lieber, wenn Sie die Schale behielten. Außerdem«, fügte er hinzu, »war es ein sehr erfolgreicher Tag für mich, und das Gesicht des Auktionators, als Sie die fünf Pence geboten haben, war die Werkzeugkiste wert, finde ich.«

Beim Gedanken daran mußte er wieder kichern. »Ich glaube nicht, daß er schon viel mit jungen Bären zu tun hatte«, sagte er.

»Ich habe es schon immer gesagt«, bemerkte Mrs. Bird am Abend, »und ich bleibe dabei: Dieser Bär hat einen Riecher für günstige Angebote.«

Die Browns saßen gerade beim Abendbrot. In der Mitte der Tafel prangte Paddingtons »Antiquität«. Fast den ganzen Abend hatte er damit zugebracht, sie zu polieren, so lange, bis er seinen Schnurrbart darin sehen konnte. Mrs. Bird hatte extra für diese Gelegenheit ein neues Glas von Paddingtons Lieblings-Orangenmarmelade geöffnet.

Mit beseelter Miene saß er am Tisch; das heißt, soweit man hinter der Butter, den Krümeln und der Orangenmarmelade überhaupt noch so etwas wie eine Miene erkennen konnte.

»Ich finde«, verkündete er, und niemand mochte ihm widersprechen, »Konfitüre schmeckt *noch* besser, wenn man sie aus einer Antiquität ißt.«

»Erst recht«, fügte er hinzu und tunkte die Pfote hinein, »erst recht aus einer Zehn-Pence-Antiquität!«

Heinrich von Kleist
Außerordentliches Beispiel von Mutterliebe bei einem wilden Tiere

Als die Fregatte »The carcaß«, welche im Jahre 1772 nach dem Nordpol segelte, um Entdeckungen zu machen, eingefroren war, meldete der Wächter auf dem Mast an einem Morgen, daß drei Bären heftig über den Ozean liefen und dem Schiffe zueilten. Sie waren ohne Zweifel durch den Trangeruch von einem Seepferd eingeladen worden, welches das Schiffsvolk einige Tage vorher getötet hatte und eben auf dem Eise verbrannte. Es zeigte sich gleich, daß es eine Bärin mit zwei Jungen war, die aber fast so groß waren wie ihre Mutter. Sie rannten dem Feuer zu, rissen Stücke Fleisch heraus, welche unverbrannt geblieben waren, und fraßen sie gierig auf. Das Schiffsvolk warf ihnen noch mehr Klumpen Seepferdefleisch hin, welche man auf dem Eise hatte liegen lassen. Die alte Bärin holte einen nach dem andern, legte ihn, so wie sie ihn brachte, vor die Jungen hin, zerteilte ihn, gab jedem ein großes Stück und behielt für sich nur ein kleines. Wie sie den letzten holte, feuerte man auf die Jungen, schoß sie nieder und verwundete die Mutter auf ihrem Rückwege, obgleich nicht tödlich.

Hier würde es auch der rauhesten Seele Empfindungen des Mitleides ausgepreßt haben, wenn sie die liebevolle Kümmernis gesehen hätte, welche das arme Tier bei dem

Sterben ihrer Jungen ausdrückte. Ob sie gleich schwer verwundet war und kaum zu dem Platze, wo sie lagen, kriechen konnte, so schleppte sie doch das Stück Fleisch mit, welches sie zuletzt gefaßt hatte, zerteilte es wie die vorigen und legte es vor sie nieder. Und wie sie sah, daß sie nicht fressen wollten, legte sie ihre Tatzen zuerst auf das eine und dann auf das andere und wollte sie gerne aufrichten. Erbärmlich war die ganze Zeit über ihr Ächzen anzuhören. Wie sie fand, daß sie ihre Jungen nicht aufrichten konnte, kroch sie eine kleine Strecke von ihnen weg, sah zurück und ächzte. Wie dieses Hinweglocken nicht helfen wollte, kehrte sie zurück, roch um sie herum und hub an, ihre Wunden zu lecken. Sie kroch darauf noch einmal einige Schritte weg, sah wieder zurück und stand einige Augenblicke still und ächzend. Aber ihre Jungen konnten ihr nicht folgen. Sie kroch wieder zu ihnen, ging mit den Zeichen der unausdrückbarsten Liebe um sie herum, sie betastend und ächzend. Endlich, wie sie fand, daß sie tot und ohne Leben waren, hob sie ihr Haupt in die Höhe, sah nach dem Schiff und heulte den Mördern einen Fluch zu, den diese mit einer Musketensalve beantworteten. Sie fiel hierauf zwischen ihre Jungen nieder und starb, ihre Wunden leckend.

Jean de La Fontaine
Der Bär und die beiden Burschen

Dem Nachbar Kürschner lang und breit
verkauften zwei Burschen in Geldverlegenheit
ein Bärenfell, ein prächtiges Stück:
Der Bär zwar, sagten sie, lebe noch,
jedoch bald hätt er im Kopf ein Loch
und das Fell, das brächte dem Kürschner Glück;

gegen die ärgste Kälte mach es gefeit,
zwei Mäntel gäb es mit Leichtigkeit.
Vertauschen? Für Dindenauts Schafe samt Pferch
und Pflock –
ihr Fell? (sie meinten Meister Petzens Rock)
O nein! – Es wurden Preis und Lieferfrist besprochen,
dann sind die beiden Jäger aufgebrochen,
das Fell zu holen: persönlich trugs der Bär herbei.
Wie vom Blitz getroffen erstarrten die Zwei.
Verpfuscht war der Handel, man mußte ihn lösen,
Von Verzugszins war gottlob nicht die Rede gewesen.
Baumaufwärts klomm ein Bursche sogleich,
der andre marmorkalt und bleich
fiel auf die Nase dergestalt,
daß er, wie vom Hörensagen er wußte,
dem Bären als Leiche erscheinen mußte,
denn Meister Petz ist nicht auf Aas erpicht;
hier als ein Narr entpuppte er sich bald:
er schnuppert dem Burschen ums Gesicht,
traut aber dem seltsamen Braten nicht,
kehrt ihn mit der Tatze mehrmals um
und schnaubt an allen Luftlöchern herum:
Das ist eine Leiche, brummt er, sie riecht ja schon! –
Und trollt und trottet ernst und still davon.
Vom Baume rutscht der eine Held herunter,
zum andern läuft er hin und schreit ihn munter:
He, auf, wir sind mit dem Schreck davongekommen!
Das schöne Fell, ists wirklich weggeschwommen?
Und sag, was brummte der Bär dir ins Ohr?
Er war dir ja ziemlich nahe geraten
Und hat dich gewälzt wie vergifteten Braten. –
Gebrummt hat er, verkaufe nie, du Tor,
des Bären Haut, du hättest sie denn zuvor!

Franz Graf von Pocci
Kasperl auf der Jagd

Der Kasperl, Hanswurst genannt,
Von allen Kindern wohlgekannt,
Wollt' eines Tages jagen geh'n,
Weil er's von Andern hat geseh'n;
Hat sich einen Ranzen umgethan
Und eine Flinte ohne Hahn,
Auch eine Flasche Branntewein.
So macht' er sich denn auf die Bein'.
Pulver und Blei hat er zu Haus gelassen,
Denn damit ist nicht gut zu spaßen.
Gleich auf der Wies' ein Hase hocket,
Da ist der Kasperl sehr erschrocket,
Ein Has der ist ein grimmig Thier;
Der Kasperl setzt sich nieder hier,
Er muß vor Schrecken etwas schnaufen,
Denn der Has ist gleich davon gelaufen.

Der Kasperl hat gewaltig Durst,
D'rum zieht er eine Leberwurst
Aus seiner alten Waidmannstasche,
Setzt an den Mund die Branntweinflasche
Und hat so lang, so lang getrunken,
Bis er in sanften Schlaf gesunken.

Nachdem er geschlafen die ganze Nacht
Ist er dann wieder aufgewacht,
Denkt sich: was ist die Jagd beschwerlich
Und für den Menschen so gefährlich!
Nimmt auf den Buckel sein Gewehr
Und streifet wieder hin und her.

Auf einmal hört er Tritte schwer,
Ein Jäger kömmt des Wegs daher,
Mit einem langen Bart am Mund
Und einem schwarzen Hühnerhund.
Der Jäger schreitet ganz bedächtig,
Doch scheint er etwas sehr verdächtig,
Denn an den Fingern die langen Krallen
Die woll'n dem Kasperl nicht gefallen;
Auch hat er einen langen Spieß
Und zwei ganz sonderbare Füß',
Der Kasperl stellt sich gleich der Queer
Und fragt den Jäger: wer ist Er? –

Der aber spricht kein einzig Wort,
Spazieret stumm des Weges fort.
Dem Kasperl wird nicht gut zu Muth
Bei'm Jäger mit dem grünen Hut.
Nein, sagt der Kasperl, so Etwas
Das ist fürwahr ein schlechter Spaß,
Und läuft voll Angst über Stock und Stein
Schnurstracks in den nächsten Wald hinein.
Im Walde sind aber der Bäume so viel,
Daß es dem Kasperl wird ganz schwül,
Und endlich wird's finster ganz und gar,
Weil er bis Abends gelaufen war.

O schwarze Nacht, o schwarzes Dunkel,
In dem kein lieblich Sterngefunkel,
O Nacht, so schwarz wie Kohl' und Pech,
O Nacht, wärst du nur wieder weg!
Im Dunklen kann so viel gescheh'n;
Was man mit Augen nicht mag seh'n;
O schwarzer Wald, o dunkle Nacht,
Du hast mich in die Patsch' gebracht!

Da sitz' ich nun in Angst und Pein
Und seufze nach dem Mondenschein;
Wär' ich nicht gangen auf die Jagd,
Läg' ich im Bette diese Nacht!

————————

————————

So hat der Kasperl sich gedacht
In dieser kohlpechschwarzen Nacht,
Doch bei dem Morgensonnenschein
Macht er sich wieder auf die Bein.
Nun ist ihm wieder froh zu Muth,
er pfeift und singt, schwingt seinen Hut.
Wu! plötzlich brummt und brüllt es so,
Daß Kasperl laut aufschreit: oho!

Und richtig zottelt auf ihn los
Ein schwarzer Bär so riesengroß,
Daß Kasperl gleich aus Furcht und Schrecken
Sich hinter einen Baum thut stecken.
Zum Glück der Bär ihn da nicht sieht,
Sonst biß er ab ihm manches Glied,
Denn daß die Bären Menschen fressen,
Die in dem Wald ganz ruhig gesessen,
Wie ihr es habt schon oft gelesen,
Wär' hier wohl auch der Fall gewesen.
Der Bär geht seinen Weg entlang,
Dem Kasperl ist nun nicht mehr bang,
Doch läuft er über Hals und Kopf,
Als wollt' ihn nehmen wer bei'm Schopf,
Läuft, läuft in einem Saus und Braus,
Bis er steht vor der Thür' zu Haus;
Und nun ist die Geschicht' zu End',
Der Kasperl macht sein Compliment.

Litauisches Volksmärchen
Der Bär mit dem Lindenholzfuß

Es waren einmal ein Greis und eine Greisin. Eines Tages wollte die Greisin Bärenfleisch essen. Sie ruft ihren Alten und sagt: »Geh in den Wald und bringe mir Bärenfleisch.«

Der Greis nahm ein Beil und ging fort in den Wald. Im Walde fand er einen Bären, der in einem Reisighaufen lag und ganz tief schlief. Dem schlug er einen Fuß ab – und der Bär wurde nicht wach. Den Fuß aber brachte der Greis in die Hütte und gab ihn der Greisin. Sofort nahm sie eine Schere, schnitt die Wolle von dem Fuß und zog die Haut ab. Das Fleisch aber legte sie in einen Topf und stellte ihn in den Ofen zum Kochen. Die Haut breitete sie aus, setzte sich darauf und fing an, die Wolle zu spinnen. Sie spann und spann, bis die Mitternacht kam.

Der Bär aber wachte auf und sah, daß ihm ein Fuß fehlte. Da fing er an zu schreien, daß der ganze Wald erdröhnte. Doch dann überlegt er und sagt:

»Auf drei Füßen – das geht nicht. Es muß einer aus Lindenholz gemacht werden.«

Sogleich machte er sich einen Fuß aus Lindenholz und zog nun los ins Dorf, um seinen Fuß zu suchen. Und wie er so ging, sang er:

»Knarre, mein Fuß,
Knarre, Lindenholz!
Erde schläft jetzt tief,
Wasser schlafen tief,
Das ganze Dorf schläft tief.
Nur eine Greisin ist ganz wach.
Auf meiner Haut sitzt sie da,
Meine Wolle spinnt sie,
Und mein Fleisch, das kocht sie.«

Da erschrak das Weib, als sie solche Worte von dem Bären hörte.

Sie sagt zu ihrem Alten:

»Krieche schnell in das Futternetz! Dann hänge ich dich über die Tür, und ich selbst krieche hinter den Ofen.«

Sogleich hängte sie den Greis auf, kroch hinter den Ofen und deckte sich mit Reisig zu. Da trat auch schon der Bär in die Tür! Dabei riß das Futternetz ab und fiel auf den Bären. Der erschrak, lief aus der Stube und wieder in den Wald! Greis und Greisin aber blieben so am Leben.

Werner Bergengruen
Die Bärenbraut

Damals, als es im Terriküllschen Kirchspiel noch Bären gab, lebte bei den Bauern ein Mädchen, das, wie die Leute sich ausdrückten, keinen Ort in der Welt hatte. Die Mutter war ledig und starb im Wochenbett, der Vater soll ein Soldat gewesen sein, irgendeiner, von den Schweden oder den Russen, von den Sachsen oder Polen, der Teufel soll es wissen, es sind viele durchgekommen. Die Bauern hätten das Kind draufgehen lassen, weil es knappe Zeit war, aber der Pastor befahl den Dorfältesten zu sich und schimpfte ihm in sein christliches Gewissen, dazu hatte er den Reitstock vor sich auf den Studiertisch gelegt. So blieb das Mädchen in Dorfpflege, jedes Jahr zu Georgi kam es auf einen anderen Hof, und es war bei den Wohlhabenderen der Anfang gemacht worden, weil doch der Mensch in seiner frühesten Lebenszeit zu nichts taugt als zum Brotessen. Aber mit vier Jahren kann man ihn schon zum Hüten brauchen, wenn man ihm nur die Spielerigkeit austreibt; darauf verstehen sich die Bauern.

Das Mädchen hieß Lisu. Als sie sechs Jahre alt geworden

war, kam sie zu Jürri mit dem Klumpfuß. Seine Frau wurde Maret mit dem Klumpfuß genannt, des Mannes halber, sie selbst hatte gerade Füße und konnte laufen wie ein Wolf. Der Mann meinte, sie hätte auch eine Stimme wie ein blaffender Jungwolf, Lisu meinte dasselbe. Lisu hatte das Fürchten verlernt, dazu war sie zuviel geprügelt worden, aber vor Maret mit dem Klumpfuß fürchtete sie sich.

Lisu hockte im Moorwalde und strickte für Maret mit dem Klumpfuß, während ihre Kühe grasten. Es war schwer, die Zeit einzuteilen, denn hier hatte sie noch keine Begriffe, sondern nur Erfahrungen, wie ja auch Tiere Erfahrungen haben: hatte sie zu lange Beeren gepflückt und zu wenig gestrickt, dann schlug Maret sie am Abend mit dem Feuerhaken; hatte sie zu lange gestrickt und zu wenig Beeren gegessen, dann blieb sie hungrig, denn das Brotstück, das sie mitbekommen hatte, reichte nicht weit, und es war auch Brot, das mit Häcksel und gemahlener Baumrinde gebacken war; anderes freilich aß selbst der Dorfälteste nicht.

Am Sonntag hätte sie Haus und Kinder hüten sollen, während der Klumpfuß mit seiner Frau zur Kirche gefahren war. Lisu band das Kleinste mit dem Fuß ans Tischbein, damit es sich keinen Schaden tun konnte, und lief zum See, weil sie gehört hatte, das Ertrinken dauere nicht lange, und die Seefrauen gäben einem Brot aus schierem Mehl zu essen. Aber im See stand ein Ruderboot, drin saß der Schreiber des gnädigen Herrn und fischte. Er rief ihr zu, erst auf deutsch und dann, weil sie die Herrensprache nicht verstand, auf estnisch, sie solle sich nicht unterstehen, zu baden und seinen Fischfang zu stören. Da lief sie zurück, band das Kind los, warf sich hin und heulte, indem sie sich mit Fingern und Zähnen in den alten Schafspelz krallte, unter dem die Bauersleute auf der Ofenbank zu schlafen pflegten.

Daran dachte sie beim Kühehüten und auch daran, daß mit ihr vieles anders bestellt schien als mit den übrigen Menschen, von denen sie wußte. Sie dachte aber nicht, wie sonst die Leute denken, welche ja von klein auf häufig miteinander über allerlei Vorkommnisse reden und daher in ihrem Denken eine gewisse herkömmliche Ordnung haben. Sondern weil nie jemand mit ihr sprach, außer daß er ihr einen Befehl oder ein Scheltwort gab, und weil sie fast immer allein draußen im Walde war, darum war auch ihr Denken so, daß da etwas aufsprang wie ein Lachs im Fluß, und dann war es fort, und es sprang ein anderer Lachs auf und war auch wieder fort. Und sie hatte ja auch keine Erfahrungen machen können, die über das Kühehüten, Stricken, Brotessen und Schlägebekommen hinausgegangen wären; so war sie denn nicht sehr von einem Tier verschieden, denn die Sehnsucht nach einem Zustande der Unbedrohtheit hat ja ein Tier auch; das aber, was sie als einen von Natur rechtgeschaffenen Menschen über die Tiere erhob, das hatte sich in ihr noch nicht gehörig entfalten und sich in ihrem Bewußtsein nicht festsetzen können. Darum war sie mit den Tieren sehr vertraut, freilich ohne je ein Schaf oder eine Kuh zu liebkosen, wie es die Herrenkinder wohl manchmal tun, und sie hätte sich nie vor einem Tier so fürchten können, auch vor einem Wolf nicht, wie sie sich vor der Maret mit dem Klumpfuß fürchtete.

Während sie sich hastig, um die Zeit auszukaufen, den Mund voll Beeren stopfte, schien es ihr, als sei eine der Kühe unruhig geworden. Lisu rief sie an, in jener Sprache, die sie mit den Tieren redete; sie hatte sich die Worte und Laute nicht ausgedacht, auch sie nicht von anderen gehört, sondern sie mit Selbstverständlichkeit in sich vorgefunden. Die Kuh blökte ein wenig und trottete scheu umher, unentschlossen mit den Richtungen wechselnd. Die anderen taten es ihr nach, Lisu wollte aufspringen, nur eine winzige Weile dachte sie sich noch zu gönnen, denn sie konnte sich nicht gleich von den Beeren lösen. Da sah sie die Kühe laufen, hörte ihr ängstliches Gebrüll, mit vollem Munde richtete sie sich erschrocken in die Höhe, da fiel es über sie wie ein schwerer, schwarzer und warmer Schatten; ja, er war warm und ganz dunkel.

Es geschahen in dieser Dunkelheit allerlei Dinge, ohne daß Lisu sie genau hätte wahrnehmen oder begreifen können. Sie konnte auch nicht ermessen, in welchen Zeiträumen oder in welcher Reihenfolge diese Dinge mit ihr sich ereigneten, und wir müssen wohl bedenken, daß sie ja nicht angewiesen worden war, sich Rechenschaft zu geben, wie es die anderen Menschen tun. Da glitt etwas Feuchtes über ihr Gesicht, und diese Berührung war rauh, ohne daß sie indessen etwas Böses vorzukündigen schien. Da drang ein warmer Hauch, wie sie ihn von Kuhmäulern kannte, zu ihr, ein Hauch, der nach Wald und Krautfrische roch. Da streiften sie Zweige und auch Dornen, sie empfand Risse in der Haut, Wunden und Blutabfluß und quetschende Pressung und eine wohltätige Weichheit unter ihren Gliedmaßen, die wiederum mit Schmerzen zu wechseln schien. Einmal meinte sie ein Gluckern zu hören, und dies vereinigte sich ihr mit Durst, Kriechbewegungen, Feuchtigkeit und Durstlöschung. Und es gab auch Brummen und Schnaufen und unfeindliche zottige Anrührungen. Solcher Art etwa waren die damaligen Erlebnisse, die nochmaligen Erinnerungen des Mädchens beschaffen, wenn hier denn von Erinnerungen geredet sein darf. Es waren auch Rüben darunter und ein Kürbis und Honigwaben und selbst Brot, und sie hatte ferner die Vorstellung eines Tieres, dessen warmes Blut sie getrunken und von dessen rohem Fleisch sie gegessen hatte.

Die Schmerzen verloren sich, und es verlor sich auch die gänzliche Dunkelheit, denn es gab eine Stelle, von welcher

Licht einfiel, wenn auch wenig. Einmal aber reichte es doch hin, um Lisu erkennen zu lassen, daß neben ihr eine schnaufende und behagliche Masse dalag, und sie wunderte sich gar nicht, daß es ein Bär war, und sie hatte Freude daran, ihm übers Fell zu fahren, ihn zu krauen und zu ihm zu sprechen, wie sie zu den Kühen gesprochen hatte.

Dies wiederholte sich, und auch alles andere wiederholte sich, das Essen und Trinken und das weiche Mooslager mit seinen Polstern und Hüllen, die viele Dunkelheit und das schmale Licht und das Brummen und Schnaufen und die gute Wärme, die von dem Bären ausging, wenn Lisu sich an sein Fell schmiegte und ihn kraute; dies tat sie besonders gern vorn am Halse, wo sich im Felldickicht eine weiße Stelle befand, von der kleine Streifen nach den Seiten zu sich ausstreckten.

Lisu war satt und warm, die gering scheinenden Pausen des Kalt- und Hungrigseins hatten keine Bedrohung; sie durfte schlafen nach ihrem Gefallen; keiner sagte ihr ein feindliches Wort, und sie brauchte vor niemandem auf der Hut oder Flucht zu sein. Sie hatte kein Bewußtsein vom Verfluß der Zeit; denn sie lebte ja in der Fülle und in einer Befriedigung der Wünsche und Bedürfnisse, wie ein Ungeborenes im Leibe seiner Mutter lebt. Wünsche aber und Bedürfnisse waren ihr noch eins. Fand sie sich allein, so wußte sie, daß der allmächtige Bär wieder da sein werde und mit ihm zugleich Nahrung, Fell- und Leibeswärme und alles Behagen, für das sie ihm dankte mit jener für Behagen dankenden Liebe, mit welcher ein Hund sich an seinen Herrn schmiegt.

Die Leute haben später vergeblich aus dem Mädchen herausbringen wollen, ob denn der Bär sie auf irgendeine Art am Verlassen der Höhle gehindert habe; etwa indem er einen Stein vor den Eingang wälzte, wie man es wußte aus der Geschichte von einem Bärenmenschen oder Menschenbären, welche die alten Leute im Dorf nach den Erinnerungen ihrer Vorfahren zu erzählen liebten. Desgleichen ist davon gesprochen worden – und auch der Pastor soll dieser Meinung gewesen sein –, es sei vielleicht bei dem Aufenthalt des Mädchens nicht an eine rechte Bärenhöhle zu denken, sondern es möge sich um einen jener Schlupfwinkel handeln, wie sie von Bauern oder Flüchtigen während der langen Kriegszeit in den mächtigen Wäldern, und vorzugsweise um steiniges Quellengeklüft, erbaut und später verlassen worden sind. Vielleicht, so meinten sie, habe der Schlupfwinkel eine Art Falltür gehabt, welche zuschlug, wenn der Bär beim Verlassen der Höhle mit seinem großen Leibesgewicht unwissentlich an eine bestimmte Stelle rührte. Denn es schien ihnen zu glauben unmöglich, daß Lisu aus freien Stücken bei dem Bären ausgedauert haben sollte. Auch hieß es, das Mädchen möge da wohl auf einige versteckte und vergessene Lebensmittel gestoßen sein, etwa Schafkäse oder Salzfleisch, das durch Hüllen von geteerter Leinwand gegen Würmer und Verderbnis geschützt gewesen sei. Denn das war ja nicht erhört, daß der Bär dem Mädchen die Nahrung zugetragen haben sollte, wie es die Tiermütter ihren Kindern tun. Nur Ülo, der Wasserhofbauer, erinnerte an den Bären, der in der Dämmerung zum Backofen gekommen war und die Weiber so arg in Schrecken gestürzt hatte. Ülo besaß ein Gewehr – es hieß, er habe einmal im Walde einen versprengten Musketier erschlagen. Ülo schoß auf den Bären, und es blieb eine Blutspur im Grase.

Einmal, als der Bär zurückkam, da knurrte und stöhnte er, und Lisu merkte, daß er an der Schulter naß war von einer warmen Flüssigkeit, zugleich aber lag ein Brot da, welches auch warm war. Da leckte Lisu die warme Flüssigkeit von seinem Fell, indem sie dazwischen in das warme Brot biß. Weil aber die Flüssigkeit nicht endete und der Bär immer unruhiger stöhnte, so riß Lisu ein Stück von ihren Lumpen ab und band es dem Bären fest um die Schulter; es mag wohl sein, daß das dörfliche warme Brot ihr die Erinnerung geweckt hatte an eine Wunde, die sie im Dorfe hatte verbinden sehen. Der Bär blieb nun eine längere Weile als sonst in der Höhle liegen. Als er endlich fortging, da hatte er beim Zurückkommen die Lumpen verloren; allein die Wunde blutete nicht mehr.

Einmal war es dem Mädchen, als müsse der Fortgang des Bären ungewöhnlich weit zurückliegen; dies ermaß Lisu an der Heftigkeit ihres Hungers, nachdem alles verzehrt war, was sich in ihrem Umkreis an Nahrung hatte erspähen oder ertasten lassen. Der Hunger wuchs und drückte Lisu zugleich ihre dumpfe Angst aus vor irgend etwas, das ihr die Ordnung der Dinge stören möchte. Es kam dahin, daß Ratlosigkeit und Not ihr den Wald mit Pilzen und Beeren, ja, den Klumpfußhof mit seinen Brotlaiben vor Augen stellten.

Plötzlich sah das Mädchen sich einer schmerzhaften Helligkeit preisgegeben; denn draußen schien die Sonne durch die kahlen, tropfenden Birkenzweige, und der schmelzende Schnee gleißte, daß sie die Augen schließen mußte. Zugleich aber empfand sie eine große Schwäche in den Beinen, und so schleppte sie sich durch den nahrungslosen Wald von Stamm zu Stamm, mit blutenden Füßen und in sehr schlimmer Qual. Sie kam ans Moor, allein das war ungangbar, die Eisschollen splitterten unter ihren Tritten, das Schneewasser gurgelte, und die streichenden Schnepfen quarrten; sonst aber blieb alles still, da mochte sie schreien, so laut sie konnte. Sie suchte den Rückweg, den Rückweg gab es nicht; es wurde dämmerig, danach aber wurde es dunkel. Sie hockte an einem Steinblock in der Windstille, sie hatte Moos vom weichgewordenen Boden gelöst, um die Füße zu wärmen, sie rieb sich alle Glieder mit Schnee, um der Erstarrung Widerstand zu tun; so ging die Nacht im Elend hin. Frühmorgens aber hörte sie Glocken, darüber wunderte sie sich sehr. Sie erkannte das Geläut der Terriküllschen Kirche, da stand sie auf und wollte dem Klange nachgehen, allein weil ihre Kräfte sich sehr verringert hatten und sie der Frühlingsgewässer und des Moores halber viele Umwege machen mußte, so brauchte sie eine lange und arge Zeit, bis sie aus dem Walde und an die Kirche kam. Der Kirche gegenüber liegt der Krug, da standen die Bauernfuhrwerke in langer Reihe an den Wagenbaum gebunden, und sie erkannte den alten Schimmel der Klumpfußleute. Auf den schwankte sie zu, kroch ins Heu des Wagens und verlor ihre Besinnung.

Sie wurde wach von Rütteln und Geschrei, sie sah sich umstarrt von Gesichtern, es waren mehr, als sie zählen konnte, und auch Maret war dabei, so daß Lisu sich an den Feuerhaken erinnerte. Allein da kam eine laute und tiefe Stimme, vor der nahmen die Männer ihre Mützen ab, und nun hörte und sah das Mädchen für lange Zeit nichts weiter.

Der Pastor erinnerte sich wieder des Waisenkindes, und es tat ihm leid, daß er sich in den vergangenen Jahren nicht um Lisu gekümmert hatte. Aber wie hätte er das anfangen sollen, er war ein alter Herr; seinen Amtsbruder in Hallenberg hatten die Kosaken gehängt, und den Propst von Manda hatte ein General als Geisel mitgenommen, man hat nie wieder von ihm gehört. Da mußte der Pastor deren Obliegenheiten mitverrichten, ungezählte Quadratmeilen weit.

Jetzt ließ er Lisu ins Pastorat bringen und auf einen Strohsack legen und gut zudecken. Danach hat die Pastorin sie waschen lassen und ihr Tränke gekocht, die Füße aber wurden gesalbt und verbunden. Sie mußte gefüttert werden wie ein winziges Kind, denn sie hat im Anfang nichts Gekochtes bei sich behalten können, und die Pastorin hat gefürchtet, sie werde hinsterben wie ein junger Hase.

Mit der Zeit jedoch kam Lisu zu Kräften, aß nun wie ein Mensch, war gekleidet wie ein Mensch und gab auch Antwort nach menschlicher Weise, wenn sie angeredet wurde; denn sie hatte nun manches benennen gelernt, das sie früher nicht gekannt hatte. Die Leute sagen, es sei ihr ein großes Glück geschehen, daß sie über eine Bärenhöhle ins Pastorat gekommen war, und der Pastor werde zu seiner Zeit schon sorgen, daß sie einen ordentlichen Mann bekäme, einen Lostreiber oder Halbkörner, und werde wohl auch ihrer Ausstattung nachhelfen. Andere glaubten ihr nicht und meinten, sie habe sich wohl mit Zigeunern oder marodierenden Soldaten umgetrieben. Alle aber setzten ihr mit Fragen zu, und die Kinder riefen ihr nach: »Bärenbraut! Bärenbraut!«

Eines Abends im späten Herbst kam Lisu aus dem Stall und wollte Wasser vom Hofbrunnen holen. Da war der gnädige Herr angeritten gekommen in seinem geflickten Jagdrock, sie sah ihn im Halbdunkel mit dem Pastor aus der Haustür treten. Der Pastor rief sie zu sich, und nun mußte sie dem gnädigen Herrn von der Zeit in der Bärenhöhle Bericht geben. Der schüttelte dazwischen den Kopf, lachte knurrig und sagte: »So, so«, oder : »Wer weiß?« und gab dem Pastor schließlich ein Kupferstück, er möge es für das Mädchen aufheben. Übrigens wisse er aus jener Zeit von keinem Bärenabschuß auf seinem Gebiet, aber es trieben sich ja immer noch Soldaten umher, die Musketen hatten und nach keinem Jagdrecht fragten, so war nichts Genaues auszumitteln. Dann wies er auf ein Sternbild am schwarzblauen Himmel, gerade über dem Kleetendach, und sagte mit seinem übellaunigen Lachen: »Das ist der große Bär, schau ihn dir an, vielleicht bist du bei dem zu Gast gewesen, und wenn du nur groß genug wirst, kannst du ihn vielleicht noch einmal an der Kehle krauen.«

Das verstand Lisu nicht recht. Der gnädige Herr ritt wieder ab, der Pastor sah ihm nach und sagte zu Lisu: »Es ist besser, einem Bären zu begegnen als einem Narren in seiner Narrheit. Sprüche Salomonis am siebzehnten, Vers zwölf. Wenn du zur Einsegnung kommst, will ich dir das als Spruch mitgeben.«

Der Pastor hatte das Mädchen jetzt in die Christenlehre genommen. Da hörte sie von einem allmächtigen Fürsorger, einem Wärme- und Speisegeber, dem sie dankbar und dienstfertig sein sollte. Bald war es ihr, der Pastor meine damit sich selber und seine verhutzelte kleine Frau, bald schien jemand anders gemeint, den sie nicht kannte, und so blieb ihr Denken bei dem Bären, der ihr alles gewährt und keine Arbeit dafür verlangt hatte. Jetzt aber mußte sie auf dem Hofe zugreifen und auch die Kühe des Pastors hüten – es waren sechs, vor dem Kriege aber sollten es vierundachtzig gewesen sein. Hierbei rief sie alle Worte in den Wald, welche sie dem Bären gegeben, und dazu noch manche bittende Wortfolge, die der Pastor sie gelehrt hatte. Doch wollte der Bär sich nicht herbeilassen.

Wem sie auch begegnete, der erinnerte sie mit Fragen oder Scherzreden an den Bären. Jürri mit dem Klumpfuß sagte: »Guten Tag, kleine Bärenbraut, grüß mir den Bräutigam!« Und Maret mit dem Klumpfuß rief ihr nach: »Gehst du bald wieder zum Faulenzen in deine Bärenhöhle?« Anzurühren freilich wagte sie das Mädchen nicht mehr, seit es auf dem Pastorat war.

Hatte der Pastor Besuch, so wurde Lisu in die große Stube gerufen, und nun durften die Gäste sie befragen, und sie sollte antworten. Da stand sie denn an der Tür, und es mußte ihr streng anbefohlen werden, näher heranzukommen und ihren Mund aufzutun. Aber was sollte sie denn sagen? Sie hatte das alles nun so oft wiederholt, es schien ihr mit jedem Worte schlechter und unwahrhaftiger zu werden – einerlei, ob die Hörer ungläubig lachten oder ob etwa ein alter Bärenjäger sagte, dergleichen ereigne sich, wiewohl selten. Da fühlte Lisu deutlich, daß es ein falscher Zustand war, in welchem sie lebte; denn sonst hätte es ja nicht geschehen können, daß ihre bärische Himmelszeit ihr selber schlecht und unwahrhaftig vorkam. Und es waren auch viele Fragen dabei, die sie nicht verstand, und darum stockte sie und merkte, daß man mit ihr unzufrieden war, und es hatte nichts mehr seine Richtigkeit.

Im zweiten Jahre ihrer Pastoratszeit war ein fremder Herr gekommen, und da wurde Lisu aufgetragen, sich die Hände und Füße zu waschen; danach mußte sie in die Stube gehen und sich anschauen und fragen lassen, und dann redeten der Pastor und sein Gast deutsch miteinander, und sie merkte, daß es ihr galt, und empfand einen unerträglichen Überdruß und Kummer. Als sie wieder auf dem Hof war, stand dort mit den Pferden der Reitknecht des Fremden, ein grauhaariger Mann mit einer Tabakspfeife; da mußte sie auch ihm Antwort geben. Er hörte gleichgültig zu, dann spuckte er aus und sagte:

»Gestern sind wir auch einem Bären begegnet, mein Herr und ich, das war am Birkenkrug. Da kamen Zigeuner vorbei, die führten einen an der Kette, zum Jahrmarkt nach Schwarzenberg. Ein mächtiger Kerl war es, sie sagten, sie hätten Mühe gehabt, ihn abzurichten, weil er über die Jahre hinaus war. Er hatte eine Schußnarbe in der Schulter und einen weißen Kehlfleck, das ist nicht häufig bei den Bären.«

»Wo ist Schwarzenberg?« fragte Lisu.

»Na, da«, sagte der Reitknecht, »geradeaus, und beim Wasserhof rechts ab, der Weg ist ja eingefahren.«

Als Lisu aus der dunstigen Stallwärme auf den Hof hinaustrat, da standen riesenhaft und mit kaltem Funkeln die herbstlichen Sternbilder über den schwarzen Gebäuden. Der Hofhund grunzte im Halbschlaf. Die Kälte machte sie zittern, und sie preßte das in einen Tuchfetzen geknotete Brotstück an sich, als könnte es wärmen. Sie hob den Blick: über den Apfelbäumen des Gartens stand in unbewegtem Glanz das Bärensternbild. Lisu sah es erstaunt an. Es fielen ihr jene Worte des gnädigen Herrn ein und dazu auch Reden, welche der Pastor in der Christenlehre wie in der Sonntagspredigt über den Himmel geführt hatte.

Als sie am Wasserhof abbog, da erinnerte sie sich zornig an Ülo, der ihr zwinkernd zu sagen pflegte: »Na, deinem Schatz habe ich aber tüchtig eins aufs Fell gebrannt!«

Um Sonnenaufgang ruhte sie zwischen Weiden und aß von ihrem Brot. Ein Wagen kam, eine strenge alte Bäuerin saß darauf. Aber sie war aus einem fremden Dorf, darum fragte Lisu, ob sie mitfahren dürfe. Nach einer Stunde sagte die Alte: »Wer noch nicht gelernt hat, seinen Mund aufzutun, wenn er gefragt wird, der soll zu Fuß gehen. Steige wieder ab, mein Kind.«

Am Abend gelangte Lisu zum Birkenkrug und schlich sich in den Hof. Da stand eine abgeschirrte Herrenkutsche, in der brachte sie die Nacht hin und träumte von der Fellwärme des mächtigen Leibes. Am Nachmittag kam sie in Schwarzenberg an, da fürchtete sie sich sehr vor Leuten aus ihrem Dorf. Sie sah auch Jürri mit dem Klumpfuß, aber der lag unter dem Wagen und schlief seinen Rausch aus. Im Krug war Lärm und Musik, und auf den Verkaufsständen lagen gute und bunte Dinge, auf welche Lisu nicht achtgab. Vor der Kirche wurde eine Trommel geschlagen, da redeten die Leute von den Zigeunern und dem Bären.

Lisu lief hin und hatte jene volle Zuversicht im Herzen, mit der sie in ihrem vorigen Leben halb schlafend auf die Wiederkunft des Bären gewartet hatte. Sie zwängte sich durch die Menschen, da stand ein zerlumpter schwarzhaariger Mann, schlug die Trommel und pfiff dazu. Hinter dem Wagen kam ein anderer hervor, der hatte eine Peitsche in der linken und eine Kette in der rechten Hand. Er blieb stehen, riß an der Kette und schlug mit der Peitsche zu. Um die Wagenecke kam ein Schnaufen, von dem wurde es Lisu heiß im Herzen. Der Zigeuner schlug und zerrte wieder, und nun trottete mit patschenden Tritten der Bär in den Kreis. Der Mann stieß ihn in die Seite, da richtete er sich widerwillig auf, brummte und begann sich zu drehen, trübselig, blöde und in schimpflicher Dienstbarkeit. Die Umstehenden lachten. Lisu hatte noch nie einen Bären in Gefangenschaft und Erniedrigung gesehen. Sie hatte nichts anderes denken können, als daß sie den Bären nur zu finden brauche, um alsbald zauberisch in sein Bärenland versetzt zu werden, wo es Fülle und Ruhe gäbe und jedes Genügen. Sie starrte das plumpe Tier an mit dem Drahtkorb vor dem Maul, der Narbe an der Schulter, der schweren Kette am Halsband, über dem ein Stückchen des weißen Kehlfleckes stand. Sie rief atemlos die alten Worte, der Bär drehte sich langsam hin und her, die trüben Augen gingen über die vielen furchterregenden Menschen weg.

Ein alter Mann stieß Lisu in die Seite: »Dummes Mädel, hast wohl Schnaps getrunken?« Und zugleich blaffte von drüben her die zornige Jungwolfstimme der Maret mit dem Klumpfuß: »He, du! Bärenbraut! Warte nur, ich bringe dich zum Pastor zurück!«

Es kam eine Bewegung in die Zuschauer, der Trommler hielt inne, viele wandten sich nach Lisu um. Der Bär blieb stehen und schien sich niederlegen zu wollen, doch glotzte er ängstlich zu seinem Führer, als wollte er sich vergewissern, daß ihm das keine Strafe eintragen könne. Endlich ließ er sich hinplumpsen.

Lisu schrie wild auf und sprang ihm an den Hals. Sie preßte den Kopf gegen das warme Fell und griff nach dem weißen Kehlfleck. Der Bär machte eine zuckende Bewegung, welche Zorn, Erschrecken und Abschüttelnwollen zugleich ausdrücken mochte. Dann stieß er ein wütendes Gebrumm aus und schlug Lisu die linke Tatze in den Rükken. Im gleichen Augenblick fast schmetterte die rechte auf ihre Hirnschale.

Die Bauern brüllten, Knüppel, Äxte, neugekaufte Sensen wurden gehoben, die Zigeunerweiber kreischten, es fielen Schüsse. Nur Sekunden währte es, dann lag die schwarzbraune Masse ohne Regung wie ein steifgefrorener Bärenpelz.

Die Tote bedeckte man mit einem Stück Wagenleinwand und begrub sie anderen Tages im Namen Gottes, den sie unter dem Bilde eines Bären angebetet hatte.

Julio Cortázar
Rede des Bären

Ich bin der Bär aus den Leitungsrohren im Haus, zu stiller Stunde klettere ich durch die Rohre, die Warmwasserrohre, die Heizungsrohre, die Luftschächte, gehe in den Rohren von Wohnung zu Wohnung und bin der Bär, der durch die Leitungsrohre geht.

Ich glaube, man hat mich gern, denn mein Fell hält die Leitungen sauber, unermüdlich laufe ich die Rohre ab und kenne kein größeres Vergnügen, als in den Rohren von Stockwerk zu Stockwerk zu rutschen. Bisweilen strecke ich eine Tatze zum Wasserhahn hinaus, und das Mädchen im dritten Stock schreit, sie habe sich verbrannt, oder ich brumme in Höhe des Ofens im zweiten Stock, und die Köchin Wilhelmine jammert, daß der Ofen so schlecht zieht. Des Nachts wandle ich schweigsam und besonders behende, stecke den Kopf aus dem Schornstein, schaue, ob der Mond am Himmel tanzt, und sause wie der Wind in die Kessel des Heizungskellers. Und zur Sommerszeit bade ich nachts in der sterngesprenkelten Zisterne, wasche mir das Gesicht erst mit der einen Tatze, dann mit der andern, dann mit allen beiden, und habe daran unbändige Freude.

Danach gleite ich mit frohem Gebrumm durch sämtliche Rohre im Haus, und die Ehepaare wälzen sich unruhig in ihren Betten und wettern, wie hellhörig die Leitungen angelegt sind. Einige machen Licht und schreiben auf ein Zettelchen, ja nicht zu vergessen, daß sie sich beschweren wollen, wenn sie den Hausmeister sehen. Ich suche den Wasserhahn, der in irgendeiner Wohnung regelmäßig offen bleibt, zwänge die Nase hindurch und betrachte das Dunkel der Räume, in denen jene Wesen leben, die nicht durch die Rohre gehen können, und ich fühle etwas wie Mitleid, wenn ich sie da so plump und groß liegen sehe, höre, wie sie schnarchen und im Schlafe reden und so allein sind. Am Morgen, wenn sie sich das Gesicht waschen, liebkose ich ihre Wangen, lecke ihnen die Nase und gehe in der leisen Gewißheit fort, etwas Gutes getan zu haben.

Gotthold Ephraim Lessing
Der Bär und der Elefant

Die unverständigen Menschen! sagte der Bär zu dem Elefanten. Was fordern sie nicht alles von uns bessern Tieren! Ich muß nach der Musik tanzen; ich, der ernsthafte Bär! Und sie wissen es doch nur allzuwohl, daß sich solche Possen zu meinem ehrwürdigen Wesen nicht schicken; denn warum lachten sie sonst, wenn ich tanze?

Ich tanze auch nach der Musik: versetzte der gelehrige Elefant: und glaube ebenso ernsthaft und ehrwürdig zu sein, als du. Gleichwohl haben die Zuschauer nie über mich gelacht; freudige Bewunderung bloß war auf ihren Gesichtern zu lesen. Glaube mir also, Bär; die Menschen lachen nicht darüber, daß du tanzest, sondern darüber, daß du dich so albern dazu anschickst.

Johann Wolfgang Goethe
Reineke Fuchs

Zweiter Gesang

Also wandelte Braun auf seinem Weg zum Gebirge
Stolzen Mutes dahin, durch eine Wüste, die groß war,
Lang und sandig und breit; und als er sie endlich durchzogen,
Kam er gegen die Berge, wo Reineke pflegte zu jagen;
Selbst noch Tages zuvor hatt er sich dorten erlustigt.
Aber der Bär ging weiter nach Malepartus; da hatte
Reineke schöne Gebäude. Von allen Schlössern und Burgen,
Deren ihm viele gehörten, war Malepartus die beste.
Reineke wohnte daselbst, sobald er Übels besorgte.
Braun erreichte das Schloß und fand die gewöhnliche Pforte
Fest verschlossen. Da trat er davor und besann sich ein wenig;
Endlich rief er und sprach: Herr Oheim, seid Ihr zu Hause?
Braun, der Bär, ist gekommen, des Königs gerichtlicher Bote.

Denn es hat der König geschworen, Ihr sollet bei Hofe
Vor Gericht Euch stellen, ich soll Euch holen, damit Ihr
Recht zu nehmen und Recht zu geben keinem verweigert,
Oder es soll Euch das Leben kosten; denn bleibt Ihr dahinten,
Ist mit Galgen und Rad Euch gedroht. Drum wählet das Beste,
Kommt und folget mir nach, sonst möcht es Euch übel bekommen.

Reineke hörte genau vom Anfang zum Ende die Rede,
Lag und lauerte still und dachte: Wenn es gelänge,
Daß ich dem plumpen Kompan die stolzen Worte bezahlte?
Laßt uns die Sache bedenken. Er ging in die Tiefe der Wohnung,
In die Winkel des Schlosses, denn künstlich war es gebauet:
Löcher fanden sich hier und Höhlen mit vielerlei Gängen,
Eng und lang, und mancherlei Türen zum Öffnen und Schließen,
Wie es Zeit war und Not. Erfuhr er, daß man ihn suchte
Wegen schelmischer Tat, da fand er die beste Beschirmung.
Auch aus Einfalt hatten sich oft in diesen Mäandern
Arme Tiere gefangen, willkommene Beute dem Räuber.
Reineke hatte die Worte gehört, doch fürchtet' er klüglich,
Andre möchten noch neben dem Boten im Hinterhalt liegen.
Als er sich aber versichert, der Bär sei einzeln gekommen,
Ging er listig hinaus und sagte: Wertester Oheim,
Seid willkommen! Verzeiht mir! Ich habe Vesper gelesen,
Darum ließ ich Euch warten. Ich dank Euch, daß Ihr gekommen,

Denn es nutzt mir gewiß bei Hofe, so darf ich es hoffen.
Seid zu jeglicher Stunde, mein Oheim, willkommen! Indessen
Bleibt der Tadel für den, der Euch die Reise befohlen,
Denn sie ist weit und beschwerlich. O Himmel! wie Ihr erhitzt seid!
Eure Haare sind naß und Euer Odem beklommen.
Hatte der mächtige König sonst keinen Boten zu senden,
Als den edelsten Mann, den er am meisten erhöhet?
Aber so sollt es wohl sein zu meinem Vorteil; ich bitte,
Helft mir am Hofe des Königs, allwo man mich übel verleumdet.
Morgen, setzt ich mir vor, trotz meiner mißlichen Lage,
Frei nach Hofe zu gehen, und so gedenk ich noch immer.
Nur für heute bin ich zu schwer, die Reise zu machen.
Leider hab ich zu viel von einer Speise gegessen,
Die mir übel bekommt; sie schmerzt mich gewaltig im Leibe.
Braun versetzte darauf: Was war es, Oheim? Der andre
Sagte dagegen: Was könnt es Euch helfen, und wenn ichs erzählte!
Kümmerlich frist ich mein Leben; ich leid es aber geduldig,
Ist ein armer Mann doch kein Graf! und findet zuweilen
Sich für uns und die Unsern nichts Besseres, müssen wir freilich
Honigscheiben verzehren, die sind wohl immer zu haben.
Doch ich esse sie nur aus Not; nun bin ich geschwollen.
Wider Willen schluckt ich das Zeug, wie sollt es gedeihen?
Kann ich es immer vermeiden, so bleibt mirs ferne vom Gaumen.

Ei! was hab ich gehört! versetzte der Braune, Herr Oheim!

Ei! verschmähet Ihr so den Honig, den mancher begehret?
Honig, muß ich Euch sagen, geht über alle Gerichte,
Wenigstens mir; o schafft mir davon, es soll Euch nicht reuen!
Dienen werd ich Euch wieder. – Ihr spottet, sagte der andre.
Nein, wahrhaftig! verschwur sich der Bär, es ist ernstlich gesprochen.
Ist dem also, versetzte der Rote: da kann ich Euch dienen,
Denn der Bauer Rüsteviel wohnt am Fuße des Berges.
Honig hat er! Gewiß, mit allem Eurem Geschlechte
Saht Ihr niemal so viel beisammen. Da lüstet' es Braunen
Übermäßig nach dieser geliebten Speise. O führt mich,
Rief er, eilig dahin! Herr Oheim, ich will es gedenken.
Schafft mir Honig, und wenn ich auch nicht gesättiget werde.
Gehen wir, sagte der Fuchs: es soll an Honig nicht fehlen.
Heute bin ich zwar schlecht zu Fuße; doch soll mir die Liebe,
Die ich Euch lange gewidmet, die sauern Tritte versüßen.
Denn ich kenne niemand von allen meinen Verwandten,
Den ich verehrte wie Euch! Doch kommt! Ihr werdet dagegen
An des Königes Hof am Herren-Tage mir dienen,
Daß ich der Feinde Gewalt und ihre Klagen beschäme.
Honigsatt mach ich Euch heute, so viel Ihr immer nur tragen
Möget. – Es meinte der Schalk die Schläge der zornigen Bauern.

Reineke lief ihm zuvor, und blindlings folgte der Braune.
Will mirs gelingen, so dachte der Fuchs: ich bringe dich heute
Noch zu Markte, wo dir ein bittrer Honig zuteil wird.

Und sie kamen zu Rüsteviels Hofe; das freute den Bären,
Aber vergebens, wie Toren sich oft mit Hoffnung betrügen.

Abend war es geworden, und Reineke wußte, gewöhnlich
Liege Rüsteviel nun in seiner Kammer zu Bette,
Der ein Zimmermann war, ein tüchtiger Meister. Im Hofe
Lag ein eichener Stamm; er hatte, diesen zu trennen,
Schon zwei tüchtige Keile hineingetrieben, und oben
Klaffte gespalten der Baum fast ellenweit. Reineke merkt' es,
Und er sagte: Mein Oheim, in diesem Baume befindet
Sich des Honiges mehr, als Ihr vermutet; nun stecket
Eure Schnauze hinein, so tief Ihr möget. Nur rat ich,
Nehmt nicht gierig zu viel, es möchte Euch übel bekommen.
Meint Ihr, sagte der Bär, ich sei ein Vielfraß? mitnichten!
Maß ist überall gut, bei allen Dingen. Und also
Ließ der Bär sich betören und steckte den Kopf in die Spalte
Bis an die Ohren hinein und auch die vordersten Füße.
Reineke machte sich dran, mit vielem Ziehen und Zerren
Bracht er die Keile heraus: nun war der Braune gefangen,
Haupt und Füße geklemmt; es half kein Schelten noch Schmeicheln.
Vollauf hatte der Braune zu tun, so stark er und kühn war,
Und so hielt der Neffe mit List den Oheim gefangen.
Heulend plärrte der Bär, und mit den hintersten Füßen
Scharrt' er grimmig und lärmte so sehr, daß Rüsteviel aufsprang.
Was es wäre? dachte der Meister und brachte sein Beil mit,
Daß man bewaffnet ihn fände, wenn jemand zu schaden gedächte.

Braun befand sich indes in großen Ängsten: die Spalte
Klemmt' ihn gewaltig, er zog und zerrte, brüllend vor Schmerzen.
Aber mit alle der Pein war nichts gewonnen; er glaubte
Nimmer von dannen zu kommen; so meint' auch Reineke freudig.
Als er Rüsteviel sah von ferne schreiten, da rief er:
Braun, wie steht es? Mäßiget Euch und schonet des Honigs!
Sagt, wie schmeckt es? Rüsteviel kommt und will Euch bewirten!
Nach der Mahlzeit bringt er ein Schlückchen, es mag Euch bekommen!
Da ging Reineke wieder nach Malepartus, der Feste.
Aber Rüsteviel kam, und als er den Bären erblickte,
Lief er, die Bauern zu rufen, die noch in der Schenke beisammen
Schmauseten. Kommt! so rief er: in meinem Hofe gefangen
Hat sich ein Bär, ich sage die Wahrheit. Sie folgten und liefen,
Jeder bewehrte sich eilig, so gut er konnte. Der eine
Nahm die Gabel zur Hand, und seinen Rechen der andre,
Und der dritte, der vierte, mit Spieß und Hacke bewaffnet,
Kamen gesprungen, der fünfte mit einem Pfahle gerüstet.
Ja, der Pfarrer und Küster, sie kamen mit ihrem Geräte.
Auch die Köchin des Pfaffen (sie hieß Frau Jutte, sie konnte
Grütze bereiten und kochen wie keine) blieb nicht dahinten,
Kam mit dem Rocken gelaufen, bei dem sie am Tage gesessen,
Dem unglücklichen Bären den Pelz zu waschen. Der Braune

Hörte den wachsenden Lärm in seinen schrecklichen Nöten,
Und er riß mit Gewalt das Haupt aus der Spalte; da blieb ihm
Haut und Haar des Gesichts bis zu den Ohren im Baume.
Nein! kein kläglicher Tier hat jemand gesehen! es rieselt'
Über die Ohren das Blut. Was half ihm, das Haupt zu befreien?
Denn es blieben die Pfoten im Baume stecken; da riß er
Hastig sie ruckend heraus; er raste sinnlos, die Klauen
Und von den Füßen das Fell blieb in der klemmenden Spalte.
Leider schmeckte dies nicht nach süßem Honig, wozu ihm
Reineke Hoffnung gemacht; die Reise war übel geraten,
Eine sorgliche Fahrt war Braunen geworden. Es blutet'
Ihm der Bart und die Füße dazu, er konnte nicht stehen,
Konnte nicht kriechen, noch gehn. Und Rüsteviel eilte, zu schlagen,
Alle fielen ihn an, die mit dem Meister gekommen;
Ihn zu töten, war ihr Begehr. Es führte der Pater
Einen langen Stab in der Hand und schlug ihn von ferne.
Kümmerlich wandt er sich hin und her, es drängt' ihn der Haufen,
Einige hier mit Spießen, dort andre mit Beilen, es brachte
Hammer und Zange der Schmied, es kamen andre mit Schaufeln,
Andre mit Spaten, sie schlugen drauflos und riefen und schlugen,
Daß er vor schmerzlicher Angst in eignem Unflat sich wälzte.
Alle setzten ihm zu, es blieb auch keiner dahinten;
Der krummbeinige Schloppe mit dem breitnasigen Ludolf
Waren die Schlimmsten, und Gerold bewegte den hölzernen Flegel

Zwischen den krummen Fingern; ihm stand sein Schwager zur Seite,
Kückelrei war es, der dicke, die beiden schlugen am meisten.
Abel Quack und Frau Jutte dazu, sie ließens nicht fehlen;
Talke Lorden Quacks traf mit der Butte den Armen.
Und nicht diese Genannten allein, denn Männer und Weiber,
Alle liefen herzu und wollten das Leben des Bären.
Kückelrei machte das meiste Geschrei, er dünkte sich vornehm:
Denn Frau Willigetrud am hinteren Tore (man wußt es)
War die Mutter, bekannt war nie sein Vater geworden.
Doch es meinten die Bauern, der Stoppelmäher, der schwarze
Sander, sagten sie, möcht es wohl sein, ein stolzer Geselle,
Wenn er allein war. Es kamen auch Steine gewaltig geflogen,
Die den verzweifelten Braunen von allen Seiten bedrängten.
Nun sprang Rüsteviels Bruder hervor und schlug mit dem langen,
Dicken Knüttel den Bären aufs Haupt, daß Hören und Sehen
Ihm verging, doch fuhr er empor vom mächtigen Schlage.
Rasend fuhr er unter die Weiber, die untereinander
Taumelten, fielen und schrien, und einige stürzten ins Wasser,
Und das Wasser war tief. Da rief der Pater und sagte:
Sehet, da unten schwimmt Frau Jutte, die Köchin, im Pelze,
Und der Rocken ist hier! O helft, ihr Männer! Ich gebe
Bier zwei Tonnen zum Lohn und großen Ablaß und Gnade.

Alle ließen für tot den Bären liegen und eilten
Nach den Weibern ans Wasser, man zog aufs Trockne die fünfe.
Da indessen die Männer am Ufer beschäftiget waren,
Kroch der Bär ins Wasser vor großem Elend und brummte
Vor entsetzlichem Weh. Er wollte sich lieber ersäufen,
Als die Schläge so schändlich erdulden. Er hatte zu schwimmen
Nie versucht und hoffte sogleich das Leben zu enden.
Wider Vermuten fühlt' er sich schwimmen, und glücklich getragen
Ward er vom Wasser hinab; es sahen ihn alle die Bauern,
Riefen: Das wird uns gewiß zur ewigen Schande gereichen!
Und sie waren verdrießlich und schalten über die Weiber:
Besser blieben sie doch zu Hause! da seht nun, er schwimmet
Seiner Wege. Sie traten herzu, den Block zu besehen,
Und sie fanden darin noch Haut und Haare vom Kopfe
Und von den Füßen und lachten darob und riefen: Du kommst uns
Sicher wieder, behalten wir doch die Ohren zum Pfande!
So verhöhnten sie ihn noch über den Schaden, doch war er
Froh, daß er nur dem Übel entging. Er fluchte den Bauern,
Die ihn geschlagen, und klagte den Schmerz der Ohren und Füße,
Fluchte Reineken, der ihn verriet. Mit solchen Gebeten
Schwamm er weiter, es trieb ihn der Strom, der reißend und groß war,
Binnen weniger Zeit fast eine Meile hinunter;
Und da kroch er ans Land am selbigen Ufer und keichte.
Kein bedrängteres Tier hat je die Sonne gesehen!
Und er dachte den Morgen nicht zu erleben, er glaubte
Plötzlich zu sterben und rief: O Reineke, falscher Verräter!

Loses Geschöpf! Er dachte dabei der schlagenden Bauern,
Und er dachte des Baums und fluchte Reinekens Listen.
Aber Reineke Fuchs, nachdem er mit gutem Bedachte
Seinen Oheim zu Markte geführt, ihm Honig zu schaffen,
Lief er nach Hühnern, er wußte den Ort, und schnappte sich eines,
Lief und schleppte die Beute behend am Flusse hinunter.
Dann verzehrt' er sie gleich und eilte nach andern Geschäften
Immer am Flusse dahin und trank des Wassers und dachte:
O wie bin ich so froh, daß ich den tölpischen Bären
So zu Hofe gebracht! Ich wette, Rüsteviel hat ihm
Wohl das Beil zu kosten gegeben. Es zeigte der Bär sich
Stets mir feindlich gesinnt, ich hab es ihm wieder vergolten.
Oheim hab ich ihn immer genannt, nun ist er am Baume
Tot geblieben; des will ich mich freun, solang ich nur lebe.
Klagen und schaden wird er nicht mehr! – Und wie er so wandelt,
Schaut er am Ufer hinab und sieht den Bären sich wälzen.
Das verdroß ihn im Herzen, daß Braun lebendig entkommen.
Rüsteviel, rief er, du lässiger Wicht! du grober Geselle!
Solche Speise verschmähst du? die fett und guten Geschmacks ist,
Die manch ehrlicher Mann sich wünscht, und die so gemächlich
Dir zu Handen gekommen. Doch hat für deine Bewirtung
Dir der redliche Braun ein Pfand gelassen! So dacht er,
Als er den Braunen betrübt, ermattet und blutig erblickte.
Endlich rief er ihn an: Herr Oheim, find ich Euch wieder?
Habt Ihr etwas vergessen bei Rüsteviel? sagt mir, ich laß ihm

Wissen, wo Ihr geblieben. Doch soll ich sagen, ich glaube,
Vieles Honig habt Ihr gewiß dem Manne gestohlen.
Oder habt Ihr ihn redlich bezahlt? wie ist es geschehen?
Ei! wie seid Ihr gemalt? das ist ein schmähliches Wesen!
War der Honig nicht guten Geschmacks? Zu selbigem Preise
Steht noch manches zu Kauf! Doch, Oheim, saget mir eilig,
Welchem Orden habt Ihr Euch wohl so kürzlich gewidmet,
Daß Ihr ein rotes Barett auf Eurem Haupte zu tragen
Anfangt? Seid Ihr ein Abt? Es hat der Bader gewißlich,
Der die Platte Euch schor, nach Euren Ohren geschnappet.
Ihr verloret den Schopf, wie ich sehe, das Fell von den Wangen
Und die Handschuh dabei. Wo habt Ihr sie hängen gelassen?
Und so mußte der Braune die vielen spöttischen Worte
Hintereinander vernehmen und konnte vor Schmerzen nicht reden,
Sich nicht raten noch helfen. Und um nicht weiter zu hören,
Kroch er ins Wasser zurück und trieb mit dem reißenden Strome
Nieder und landete drauf am flachen Ufer. Da lag er,
Krank und elend, und jammerte laut und sprach zu sich selber:
Schlüge nur einer mich tot! Ich kann nicht gehen und sollte
Nach des Königes Hof die Reise vollenden, und bleibe
So geschändet zurück von Reinekens bösem Verrate.
Bring ich mein Leben davon, gewiß, dich soll es gereuen!
Doch er raffte sich auf und schleppte mit gräßlichen Schmerzen
Durch vier Tage sich fort, und endlich kam er zu Hofe.

Als der König den Bären in seinem Elend erblickte,
Rief er: Gnädiger Gott! Erkenn ich Braunen? Wie kommt er
So geschändet? Und Braun versetzte: Leider erbärmlich
Ist das Ungemach, das Ihr erblickt; so hat mich der Frevler
Reineke schändlich verraten! Da sprach der König entrüstet:
Rächen will ich gewiß ohn alle Gnade den Frevel.
Solch einen Herrn wie Braun, den sollte Reineke schänden?
Ja, bei meiner Ehre, bei meiner Krone! das schwör ich,
Alles soll Reineke büßen, was Braun zu Rechte begehret.
Halt ich mein Wort nicht, so trag ich kein Schwert mehr, ich will es geloben!
Und der König gebot, es solle der Rat sich versammeln,
Überlegen und gleich der Frevel Strafe bestimmen.
Alle rieten darauf, wofern es dem König beliebte,
Solle man Reineken abermals fordern, er solle sich stellen,
Gegen Anspruch und Klage sein Recht zu wahren. Es könne
Hinze, der Kater, sogleich die Botschaft Reineken bringen,
Weil er klug und gewandt sei. So rieten sie alle zusammen.
Und es vereinigte sich der König mit seinen Genossen,
Sprach zu Hinzen: Merket mir recht die Meinung der Herren!
Ließ' er sich aber zum drittenmal fordern, so soll es ihm selbst und
Seinem ganzen Geschlecht zum ewigen Schaden gereichen;
Ist er klug, so komm er in Zeiten. Ihr schärft ihm die Lehre;
Andre verachtet er nur, doch Eurem Rate gehorcht er.
Aber Hinze versetzte: Zum Schaden oder zum Frommen

Mag es gereichen, komm ich zu ihm, wie soll ichs beginnen?
Meinetwegen tut oder laßt es, aber ich dächte,
Jeden andern zu schicken, ist besser, da ich so klein bin.
Braun, der Bär, ist so groß und stark, und konnt ihn nicht zwingen,
Welcher Weise soll ich es enden? O! habt mich entschuldigt.

Du beredest mich nicht, versetzte der König: man findet
Manchen kleinen Mann voll List und Weisheit, die manchem
Großen fremd ist. Seid Ihr auch gleich kein Riese gewachsen,
Seid Ihr doch klug und gelehrt. Da gehorchte der Kater und sagte:
Euer Wille geschehe! und kann ich ein Zeichen erblicken
Rechter Hand am Wege, so wird die Reise gelingen.

Michail Saltykow-Schtschedrin
Statthalter Bär

Erhebliche, denkwürdige Missetaten werden nicht selten ›ruhmreich‹ genannt und gehen als solche in die Annalen der Geschichte ein. Unerhebliche, läppische Missetaten hingegen heißen rundweg ›schmählich‹, und weit entfernt, der Geschichte Sand in die Augen streuen zu können, finden sie nicht einmal den Beifall der Zeitgenossen.

Petz I.

Petz I. wußte das recht gut. Er war ein alter Soldat und verstand sich darauf, Höhlen zu graben und Bäume zu entwurzeln, hatte folglich einige Erfahrung im Pionierwesen. Seine vorzüglichste Eigenschaft aber bestand darin, daß er um jeden Preis in die Annalen der Geschichte eingehen wollte und deshalb den Ruhm des Blutvergießens über alles in der Welt setzte. Mochte man mit ihm von Ökonomie reden oder von Industrie, von Kunst und Wissenschaft – er brachte alles auf das gleiche Thema: Blutvergießen, meine Herren ... Blutvergießen ..., sonst braucht man nichts.

Dafür machte ihn der Löwe zum Major und sandte ihn als kommissarischen Statthalter in einen fernen, fernen Wald, um dort den inneren Feind niederzuwerfen.

Als das Waldvolk von dem Nahen eines Majors Kunde erhielt, wurde es nachdenklich. Eine allgemeine Zügellosigkeit und Ausschweifung war nämlich dortzulande Gewohnheit geworden, so daß ein jeder trieb, was er wollte. Die Vierfüßler streunten herum, die Vögel flogen und die Insekten krochen; keiner wollte im Schritt marschieren. Die Waldbewohner sahen wohl ein, daß man sie dafür nicht belobigen würde, konnten ihrem Treiben aber nicht mehr selbst Einhalt gebieten.

»Paßt nur auf, jetzt kommt ein Major«, sprachen sie untereinander, »der wird uns den Marsch blasen – dann werden wir schon sehen, wo des Teufels Großmutter wohnt!«

Und tatsächlich: eins – zwei – drei, war Michajlo Iwanytsch schon an Ort und Stelle. Gerade zu Michaeli in aller Frühe trat er seinen Dienst an und faßte sofort den Beschluß: Morgen wird ein Blutbad stattfinden. Was ihn diese Entscheidung treffen ließ, ist ungeklärt, denn im Grunde genommen war er nicht bösartig, sondern nur einfach ein Vieh.

Und ohne Zweifel wäre seiner Absicht die Tat gefolgt, hätte ihm nicht der Teufel ein Bein gestellt.

Die Sache war nämlich die, daß Petz in der Erwartung des Blutbades erst noch seinen Namenstag festlich begehen wollte. Zu diesem Zwecke kaufte er einen Eimer Branntwein und trank sich mutterseelenallein einen Rausch an. Da er aber noch keine Wohnung hatte, blieb ihm nichts weiter übrig, als, betrunken wie er war, auf der Waldwiese ein Lager zu suchen. Er legte sich also nieder und hob an zu schnarchen. Gegen Morgen aber mußte doch ausgerechnet über diese Lichtung ein Zeisig geflogen kommen. Das war kein gewöhnlicher, sondern ein kluger Zeisig, der die Fertigkeit erworben hatte, ein Eimerchen zu schleppen und, wenn erforderlich, wie ein Kanarienvogel zu singen. Alle Vögel hatten ihre Freude an ihm: Wartet nur ab, unser Zeisig wird noch das Apportieren lernen! Selbst zum Löwen war die Kunde von seiner Kunstfertigkeit gedrungen, und mehrfach äußerte dieser dem Esel gegenüber, der zu jener Zeit im Rat der Tiere für einen Weisen galt: »Wenn ich doch nur einmal hören könnte, wie der Zeisig in meinen Klauen singt!«

Doch trotz aller Klugheit – diesmal war der Zeisig schlecht beraten. Er dachte, da läge ein verfaulter Klotz auf der Wiese, setzte sich auf den Bären und stimmte sein

Lied an. Petz aber hatte einen leichten Schlaf. Er fühlte, daß auf seinem Wanst jemand herumhüpfte, und dachte bei sich: ›Gewiß ist das der innere Feind!‹

»Was für ein Nichtsnutz macht sich denn da auf dem Bauche des Statthalters breit?« raunzte er schließlich.

Jetzt war es höchste Zeit für den Zeisig, davonzufliegen, aber er ahnte noch immer nichts Böses. Seelenruhig saß er da und staunte: »Nanu, der Klotz kann ja reden!« – Das ging zu weit! Der Major packte den Grobian mit den Tatzen, und ohne in seinem Kater richtig hinzusehen, schluckte er ihn hinunter.

Er fraß ihn. Dann aber besann er sich: ›Wen habe ich denn da gefressen? Was ist das für ein Widersacher, den man nicht mal zwischen den Zähnen spürt?‹ Er überlegte und überlegte, fand aber als Vieh, das er war, keine Antwort. Aufgefressen – damit basta! Und diese dumme Sache war auf keine Art rückgängig zu machen. Mochte es das allerunschuldigste Vögelchen sein – einmal verschlungen, wurde es im Bauche des Majors genauso verdaut wie der größte Missetäter.

›Weshalb habe ich ihn bloß gefressen?!‹ fragte Petz sich abermals. ›Hat mich doch der Löwe noch extra gewarnt, als er mich hierherschickte: ‚Vollbringe gewichtige Taten', hat er gesagt, ‚hüte dich vor Lappalien!' Und ich habe nichts Eiligeres zu tun, als einen Zeisig zu schlucken! Na, macht nichts, aller Anfang ist schwer! Nur gut, daß es noch so früh am Tage ist und niemand meine Dummheit bemerkt hat.‹

Dummer Petz! Er wußte eben nicht, daß der erste Fehler eines Statthalters der folgenschwerste ist, daß die Verwaltungsmaschine, einmal auf die schiefe Bahn geraten, unvermeidlich immer mehr vom richtigen Kurs abweichen muß ...

Und wirklich, Petz hatte sich noch nicht bei dem Gedanken beruhigt, daß niemand Zeuge seines Schelmenstreichs gewesen sei, da hörte er schon, wie ein Star von der nächsten Birke herab schnarrte:

»So ein Trampel! Wird hierhergeschickt, um uns den Marsch zu blasen, und frißt den Zeisig!«

Das ging dem Major wider die Natur. Wutschnaubend kletterte er an der Birke empor, aber der Star, nicht dumm, hüpfte auf die nächste hinüber. Der Bär ihm nach! Da saß der Star wieder auf der ersten – Petz hinterher! Und so kletterte und kletterte er, bis ihn die Kräfte verließen. Durch den Star ermutigt, wurde auch die Krähe frech: »So ein Vieh! Alle achtbaren Leute erwarten ein ordentliches Blutbad, und er frißt den Zeisig!«

Petz setzte der Krähe nach, aber da sprang ein Häslein aus dem Busch hervor:

»Schnickschnack, Plumpsack! Den Zeisig zu fressen!«

Über Berg und Tal kam eine Mücke angesummt:

»Risum teneatis, amici! Den Zeisig zu fressen!«

Im Sumpf quakte der Frosch:

»Koax-quatsch, Tolpatsch! Den Zeisig zu fressen!«

Mit einem Wort: wer den Schaden hat, braucht für den Spott nicht zu sorgen. Der Bär tappte hierhin und dahin, um nach den Spöttern zu haschen – und kam immer zu spät. Je mehr er sich abquälte, um so lächerlicher machte er sich. Ehe noch eine Stunde vergangen war, wußte im Walde schon groß und klein, daß Major Petz den Zeisig gefressen hatte. Der ganze Wald rauschte vor Entrüstung. Nein, nicht das hatte man von dem neuen Statthalter erwartet. Man dachte, er würde Dickicht und Röhricht durch ein imposantes Blutbad unsterblich machen, na, und was hatte er getan?! Wohin Michajlo Iwanytsch seine Schritte lenkte, überall dröhnte es ihm in den Ohren: »Du Laffe, du Laffe! Den Zeisig zu fressen!«

Petz tobte und brüllte aus Leibeskräften. Nur ein einziges Mal in seinem Leben war ihm etwas Ähnliches widerfahren, als eine Hundemeute ihn in seiner Höhle aufscheuchte – wie hatten sich die Biester in seinen Ohren, im Genick und Schwanz festgebissen! Er hatte wahrhaftigen Gotts dem Tod ins Auge geblickt! Und dennoch konnte er damals auf anständige Weise loskommen. Wohl ein Dutzend Kläffer hatte er zu Krüppeln gemacht, den übrigen war er davongelaufen. Doch hier konnte man nicht davonlaufen. Jeder Strauch, jeder Baum, jeder Mooshügel war lebendig geworden und hänselte ihn, und er mußte sich das anhören! Der Uhu, weiß Gott ein dummer Vogel, selbst der erhielt Kunde von dem Vorfall und uhute nächtens: » Huh, wie dumm! Den Zeisig zu fressen!«

Was aber das schlimmste war: nicht nur für seine eigene Person mußte er diese Schmähungen erdulden, sondern auch noch zusehen, wie das obrigkeitliche Autoritätsprinzip in den Staub getreten wurde, und zwar mit jedem Tage mehr! Nicht lange würde es dauern, dann war die Sache auch in den benachbarten Gehölzen herum – und auch sie würden sich dem allgemeinen Hohn und Spott zugesellen!

Erstaunlich, welch große Wirkung mitunter der kleinste Anlaß hat. So ein winziger Piepmatz von Zeisig hatte einer, man kann wohl sagen, stattlichen Bestie ein für allemal die Karriere verpfuscht. Hätte der Major ihn nicht gefressen, wäre es niemandem in den Sinn gekommen, zu sagen, Petz sei ein Dämlack. Nein, rings hätte es geheißen: ›Euer Gnaden! Ihr seid unser Vater, wir Eure Kinder!‹ Jedermann wußte, daß ihn der Esel höchstpersönlich beim Löwen protegierte, und wenn der Esel jemand hochschätzte, so war der es auch wert. Und nun, durch einen geringfügigen Verwaltungsfehler, war alles herausgekommen. Ein Wort flog von Mund zu Mund: ›Dämlack! Den Zeisig zu fressen!‹ Gerade, als hätte er einen armen kleinen Gymnasiasten durch pädagogische Maßnahmen zum

Selbstmord getrieben ... Aber nein, nicht einmal das war so schlimm, denn einen Gymnasiasten zum Selbstmord treiben – das war schon keine unerhebliche Missetat mehr, sondern etwas Ordentliches, was vielleicht auch in die Geschichte eingehen würde ... Aber ein Zeisig! Du meine Güte!

»Ach Brüder, so ein Piepmätzchen!« schrien Spatzen, Igel und Frösche im Chor.

Zunächst sprach man von Petzens Tat mit Entrüstung, schließlich war es eine Schande für die heimischen Gefilde, dann begannen ihn alle zu foppen, Nachbarn wie Fremde – Vögel, Frösche, Mücken, Fliegen und so weiter – waldauf, moorab!

»Das ist die öffentliche Meinung«, meinte der Major voll Gram und rieb sich die vom Gestrüpp zerschrammte Schnauze mit der Tatze, »und dann kommst du auch noch in die Annalen der Geschichte ... mit einem Zeisig!«

Die Geschichte aber war etwas so Großes, daß Petz bei seinen eigenen Worten in Nachdenken versank. Er konnte sich zwar nichts Genaues darunter vorstellen, durch den Esel aber wußte er, daß selbst der Löwe Angst vor der Geschichte hatte. »Es ist nicht gut«, pflegte dieser zu sagen, »als Vieh in die Geschichte einzugehen!« Die Geschichte würdigte nur klassische Blutbäder, kleine aber erwähnte sie mit Abscheu. Hätte der Bär zum Beispiel gleich anfangs eine Rinderherde abgeschlachtet, ein ganzes Dorf an den Bettelstab gebracht oder die Hütte des Waldhüters zertrümmert – nun, dann hätte die Geschichte ... ach, zum Teufel mit der Geschichte! Nein, aber der Esel hätte ihm ein schmeichelhaftes Schreiben gesandt! Doch jetzt – stellt euch vor! Mit einem aufgefressenen Zeisig hat er sich einen Namen gemacht! Tausend Meilen weit ist er herangesprengt, hat eine Unmenge Spesen und Diäten verschwendet – um vor allen Dingen einen Zeisig zu fressen ... Oh! Die Kinder auf den Schulbänken würden davon erfahren! Der wilde Tunguse, der kalmückische Steppensohn – alle würden sie sagen: Man sandte Major Petz zur Niederwerfung der inneren Feinde, und statt dessen hat er einen Zeisig gefressen! Ja, auch seine, des Majors, Kinder gingen doch schließlich ins Gymnasium! Bisher hießen sie immer die ›Majorsbuben‹, fürderhin aber würden sie von allen Schülern nur ›Zeisigfresser! Zeisigfresser!‹ gerufen werden. Was für ein riesiges Blutvergießen würde vonnöten sein, um diesen Schandfleck zu tilgen, wieviel Verwüstung, Raub und Vernichtung! Fluch über die Zeit, die durch sinnlose Missetaten die Hochburgen gemeinschaftlicher Gesittung zerstört, doch Schande, tausendfache Schande über jene Zeit, die das gleiche Ziel mit Hilfe schmachvoller und läppischer Missetaten zu erreichen sucht!

Petz war außer sich, schloß Tag und Nacht kein Auge, nahm keine Berichte entgegen, sondern dachte nur immerfort: ›Ach, was wird der Esel zu meinem Majorsstreich sagen!‹

Wenn man den Esel nennt, kommt er gerennt! Und da traf auch schon das amtliche Schreiben ein: ›Seiner Großwürden, dem Löwen, ist zu Ohren gekommen, daß Sie nicht die inneren Feinde niedergeworfen, sondern nur einen Zeisig gefressen hätten. Entspricht das den Tatsachen?‹

Nun galt es, Farbe zu bekennen. Meister Petz schrieb einen reuevollen Rapport und wartete. Natürlich konnte keine andere Antwort eingehen als die: ›Dämlack! So etwas! Den Zeisig zu fressen!‹ Privatim allerdings ließ der Esel, dem der Unglücksbär zusammen mit dem Rapport ein Fäßchen Honig gesandt hatte, durchblicken: ›Sie müssen unbedingt sofort ein exquisites Blutbad anrichten. Um jenen üblen Eindruck zu tilgen ...‹

»Wenn's weiter nichts ist, so will ich meine Scharte schon wieder auswetzen!« meinte Michajlo Iwanytsch und stürzte sich sogleich auf eine Hammelherde, die er bis zum letzten Mann abschlachtete. Darauf überfiel er eine Frau im Himbeerschlag, raubte ihr das Körbchen mit den Früchten und stülpte alsdann im Walde auf der Suche nach Umtrieben das Unterste zuoberst.

Zu guter Letzt stahl er sich nachts in eine Druckerei, zerschlug die Pressen, warf die Lettern gründlich durcheinander und schüttete die Erzeugnisse des menschlichen Geistes in eine Jauchengrube.

Nach vollbrachter Arbeit setzte er sich zur Ruhe, der Hundesohn, und wartete auf Anerkennung.

Doch seine Erwartung wurde enttäuscht.

Obgleich der Esel bei der ersten passenden Gelegenheit Petzens Taten im schönsten Lichte darstellte, dachte der Löwe gar nicht daran, den Bären auszuzeichnen, sondern kritzelte mit höchsteigener Klaue an den Rand des Eselsrapportes die Worte: ›Ich glaube nicht, das dieser Ofizir ein Hält ist; es ißt derselbe Bätz, der meinen liben Zeisik gefräßen hat.‹

Und befahl, den Bären zur Infanterie zu versetzen.

So kam es, daß Petz I. zeit seines Lebens Major blieb. Hätte er gleich mit der Druckerei angefangen, wäre er jetzt General.

Petz II.

Allein es kommt vor, daß auch ruhmreiche Missetaten nicht zum Vorteil ausschlagen. Ein trauriges Beispiel dieser Art bot ein anderer Petz.

Zu der gleichen Zeit, als Petz I. sich in seinem Waldrevier so rühmlich hervortat, sandte der Löwe in ein gleichgeartetes Revier einen anderen Statthalter, der ebenfalls

Major war und auch Petz hieß. Dieser aber war klüger als sein Namensvetter. Er hatte erkannt, daß vom ersten Schritt die ganze Zukunft eines Statthalters abhängt, und deshalb schon vor Entgegennahme der Reisegelder einen genauen Plan ausgearbeitet. Also gerüstet, trat er die Statthalterschaft an. Nichtsdestoweniger war seiner Karriere ein noch jäheres Ende beschieden als der des ersten Petz.

Vor allem plante er, gleich nach seiner Ankunft die Druckerei zu verwüsten, wie es ihm auch der Esel geraten. Leider aber hatte das ihm anvertraute Revier keine einzige Druckerei aufzuweisen. Wohl konnten sich die Alteingesessenen erinnern, es habe einmal – dort unter jener Föhre – eine staatliche Handpresse gestanden, die die Waldnachrichten druckte, diese Presse sei jedoch schon unter Magnizkij öffentlich verbrannt worden und nur eine Zensurbehörde verblieben, die die Nachrichtenverbreitung den Staren übertrug. Diese flogen denn auch jeden Morgen durch den Wald und pfiffen die politischen Tagesneuigkeiten in den Wind, wodurch sich niemand im geringsten belästigt fühlte. Außerdem wußte man noch, daß der Specht schon seit Jahren eine »Geschichte des Waldreviers« auf Baumrinde meißelte, doch die Rinde wurde, kaum bemeißelt, schon von diebischen Ameisen zernagt und fortgeschleppt. So lebten denn die Waldbewohner ohne Kenntnis der Vergangenheit und Gegenwart und ohne jede Ahnung von der Zukunft. Mit anderen Worten: sie bummelten zweck- und ziellos durch den Zeitennebel.

Nun forschte der Major, ob es nicht wenigstens eine Universität oder Akademie im Walde gäbe, die man einäschern könnte, aber auch hier war ihm der Magnizkij zuvorgekommen. Die Universität hatte er mit Mann und Maus zum Militär einrücken lassen, die Mitglieder der Akademie aber in einen hohlen Baum gesperrt, allwo sie bis zum heutigen Tage in lethargischem Schlummer ruhten. Da wurde Petz böse und forderte, man solle ihm den Magnizkij zur Stelle schaffen, damit er ihn zerreißen könne – ›Similia similibus curantur‹ – , erhielt jedoch zur Antwort, daß Magnizkij nach Gottes unerforschlichem Ratschluß das Zeitliche gesegnet habe.

Da war nichts zu machen. Petz II. grämte sich zwar ein wenig, ließ aber den Kopf nicht hängen. ›Kann man diesen Schurken nicht die Seele zermalmen, wegen Nichtvorhandenseins einer solchen‹, sprach er bei sich, ›so muß man sich eben an den Wanst halten!‹

Gesagt, getan. Er wartete eine stockfinstere Nacht ab und drang in den nächsten Bauernhof ein. Dort riß er der Reihe nach das Pferd, die Kuh, das Schwein, zwei Schafe, und obgleich er, der Lump, den Bauern damit schon völlig ruiniert hatte, war es ihm noch zuwenig. »Warte nur«, wütete er, »ich werde deinen Hof dem Erdboden gleichmachen und dich lebenslänglich betteln schicken!«

Sprach's und kletterte auf das Haus, um seine verbrecherische Absicht auszuführen. Er hatte allerdings übersehen, daß der Querbalken morsch war. Kaum betrat er das Dach, da brach er auch schon ein. Nun hing der Major in der Luft und mußte jeden Augenblick zu Boden stürzen. Das wollte er um keinen Preis. Er umklammerte den Balkenrest und brüllte fürchterlich.

Auf sein Brüllen liefen die Bauern zusammen, der eine die Stange in der Hand, der andere die Axt, der dritte den Spieß. Wohin sie blickten – alles verwüstet! Die Verschläge erbrochen, der Hof sperrangelweit offen, Blutlachen in den Ställen. Und mittendrin hing der Feind selbst. Da ergrimmten die Bauern.

»So ein Satan! Wollte sich bei seinen Vorgesetzten lieb Kind machen, und wir sollen dafür vor die Hunde gehen! Na, Brüder, laßt uns ihn gebührend empfangen!«

Sprachen's, stellten den Spieß an der Stelle auf, wo Petz herunterfallen mußte, und empfingen ihn nach Gebühr. Dann zogen sie ihm das Fell ab, den Kadaver aber schafften sie ins Röhricht, wo er am nächsten Morgen von den Raubvögeln zerhackt wurde.

Also erwies sich, daß auch ruhmreiche Missetaten nicht minder betrübliche Folgen haben können als schmähliche.

Diese neugewonnene Erkenntnis wurde alsbald von der Waldgeschichte bekräftigt, welche der Faßlichkeit halber noch hinzufügte, daß die in den Geschichtsbüchern – für höhere Lehranstalten – übliche Einteilung der Missetaten in ruhmreiche und schmähliche ein für allemal aufgehoben und nunmehr auf alle Missetaten, welcher Art auch immer, die Bezeichnung ›schmählich‹ anzuwenden sei.

fbUnter den diesbezüglichen Bericht des Esels kratzte der Löwe wieder mit eigener Klaue: ›Vom Urteil der Geschichte dem Major Petz Drei Kenntnis geben. Mag er sehen, wie er zurechtkommt.‹

Petz III.

Der dritte Petz war klüger als seine beiden gleichnamigen Vorgänger. »Die Sache ist faul«, brummte er bei der Lektüre der Löwenorder; »machst du kleine Streiche, erntest du Hohn und Spott, machst du große, wirst du aufgespießt. Am besten, ich fahre überhaupt nicht!«

Er fragte schriftlich beim Esel an: ›Wenn weder große noch kleine Missetaten gestattet sind, so vielleicht mittlere?‹ Doch der Esel antwortete ausweichend: ›Alle zu diesem Punkt einschlägigen Instruktionen finden Sie in den Waldstatuten.‹ Petz guckte in die Waldstatuten. Dort war zwar die Rede von der Pelzsteuer, der Pilz- und Beerensteuer, auch über Tannenzapfen stand was darin, aber von Missetaten kein Wort! Und auf alle weiteren dringenden Bitten und Vorhaltungen antwortete der Esel zweideutig: ›Handeln Sie, wie es sich geziemt!‹

»So weit ist es gekommen!« murrte Petz III., »Würde und Bürde kriegst du auf den Hals, doch mit was für Missetaten du sie rechtfertigen sollst, darüber keinen Ton!«

Wieder kam es ihm in den Sinn: ›Ach was, ich fahre gar nicht erst!‹ Und wären nicht die üppigen Reise- und Tagegelder gewesen, die für ihn in der Staatskasse bereitlagen, er wäre weiß Gott nicht gefahren!

Auf Schusters Rappen, ganz bescheiden, traf er in seinem Walde ein. Weder offizielle Empfänge noch Berichtstage setzte er an, sondern verkroch sich in der Höhle und steckte die Tatze in den Rachen. Da lag er und sinnierte: ›Nicht einmal dem Hasen darfst du das Fell über die Ohren ziehen – schon das könnte dir als Missetat angekreidet werden! Und von wem? Wenn's noch der Löwe und der Esel wären, das ließe man sich gefallen! Aber nein, die Bauern sind es. Und schließlich hat man noch eine Geschichte aufgetrieben – eine schöne Ge-sch-ich-te!!‹ Petz lachte lauthals, aber wohl war ihm nicht dabei; er ahnte, daß selbst der Löwe vor der Geschichte Respekt hatte ... Wie aber sollte man das Waldgesindel in Schach halten? Er wußte keinen Rat. Verlangt wurde viel, doch das Räubern war verboten. In welche Richtung er auch steuern mochte, kaum nahm er Anlauf, schon hieß es: ›Halt, mein Lieber! Vergaloppiere dich nicht!‹ Alle hatten sich jetzt Rechte zugelegt, bis hinab zum Eichhörnchen! Eine Ladung Schrot in die Nase – da hast du dein Recht! *Sie* hatten Rechte, er dagegen Pflichten! Und nicht einmal handfeste Pflichten, nur Schall und Rauch! *Sie* konnten einander ruhig auffressen, er aber durfte sich an keinem vergreifen! Hah! Und immer der Esel! Der hatte es gerade nötig, klug zu tun und seine eintönige Leier zu drehen! ›Wer hat den Wildesel so frei lassen gehen, wer hat die Bande des Flüchtigen gelöst?‹ Daran sollte der Esel gefälligst denken, statt von Rechten zu kakeln! – ›Handeln Sie, wie es sich geziemt!‹ Ach!!

So lutschte er eine ganze Weile an seiner Tatze und trat nicht einmal ordentlich seine Verwaltungsgeschäfte an. Er machte allenfalls den Versuch, sich anzukündigen, ›wie es sich geziemte‹, kletterte auf die höchste Fichte und raunzte aus Leibeskräften – doch ohne Wirkung. Dieses Waldgesindel wußte gar nicht mehr, was eine Missetat ist, und äußerte lausig frech: »Hört mal, wie der Mischka brüllt! Er wird sich im Schlaf in die Tatze gebissen haben!« – Und so kehrte Petz III. in seine Höhle zurück . . .

Doch ich sagte eingangs schon: er war ein kluger Bär und pflegte der Ruhe nicht, um fruchtloser Trübsal nachzuhängen, sondern um etwas Brauchbares auszutüfteln.

Und das gelang ihm auch.

Während er nämlich so dalag, verlief im Walde alles von selbst nach einer festgesetzten Ordnung. Diese Ordnung konnte man zwar kaum ›gedeihlich‹ nennen, doch die Aufgabe eines Statthalters bestand ja keineswegs darin, irgendein himmlisches Gedeihen zu erzielen, sondern darin, die von alters her eingebürgerte Ordnung – sei sie gedeihlich oder nicht – vor Verletzungen zu schützen und zu behüten. Und schließlich auch nicht darin, irgendwelche großen, mittleren oder kleinen Missetaten zu verüben, sondern sich mit den ›natürlichen‹ Missetaten zu bescheiden. Wenn es von alters her gang und gäbe war, daß die Wölfe den Hasen das Fell abzogen, die Geier und Eulen aber die Krähen rupften, – mochte an solch einer ›Ordnung‹ auch nichts Gedeihliches sein, so war es doch immerhin eine ›Ordnung‹ und mußte als solche respektiert werden. Und wenn dabei weder Hasen noch Krähen murrten, sondern sich munter vermehrten und die Erde bevölkerten, so bedeutete dies just eben, daß jene ›Ordnung‹ in den seit Urzeiten abgesteckten Grenzen verblieb. Und war es denn nicht auch völlig genug mit den ›natürlichen‹ Missetaten?

Im vorliegenden Falle traf das jedenfalls zu. Kein einziges Mal hatte der Wald das ihm zukommende Aussehen verändert. Tag und Nacht erdröhnte er von Millionen Stimmen: Aufschrei des Todes und Triumphgeheul des Siegers, beides fand man darin. Das Gepräge des Waldes, das Spiel der Töne, Licht und Schatten, der Aufbau der Waldbevölkerung – alles blieb unverändert, wie erstarrt. Kurz, es herrschte eine so feste und stabile Ordnung, daß selbst dem grausamsten, eifrigsten Statthalter keinerlei krönende Missetaten, noch dazu ›unter Euer Gnaden persönlicher Verantwortung‹, in den Sinn kommen konnten.

So bot sich dem geistigen Auge des dritten Petz auf einmal, bis in alle Einzelheiten genau und obendrein praktisch bewährt, eine ganze Theorie des ungedeihlichen Gedeihens dar, und da fielen ihm auch die Worte des Esels wieder ein, die dieser einst im vertraulichen Gespräch hatte fallenlassen:

»Was Sie nur immer nach Missetaten fragen! Das wichtigste Prinzip in unserem Gewerbe ist: Laissez passer, laissez faire! oder auf gut russisch: der Narr läßt den Narren auf den Narren los! Da sehen Sie, wo der Hase im Pfeffer liegt. Wenn Sie diese Regel beherzigen, lieber Freund, dann passiert die Missetat von ganz allein, und alles kommt ins Lot!«

So hielt es unser Petz denn auch. Man brauchte bloß dazusitzen und sich daran zu ergötzen, daß der Narr den Narren auf den Narren losließ, alles übrige fügte sich von selbst.

›Ich begreife gar nicht, warum man überhaupt Statthalter herschickt! Ohne sie würde es auch . . .‹, war der Major schon drauf und dran, liberal zu denken, da fiel ihm sein schönes Gehalt ein, und er unterdrückte den unbotmäßigen Gedanken: ›Still, still, nicht weiter . . . Schweigen!‹

Damit wälzte er sich auf die andere Seite und beschloß, nur zum Empfang seines ihm zustehenden Gehalts die Bärenhöhle zu verlassen. Und weiter ging im Walde alles wie geschmiert. Der Major schlief, die Bauern brachten Ferkel, Hühner, Honig und sogar Branntwein und legten ihre Naturalien an der Schwelle nieder. Zu festgesetzten Stunden wachte der Major auf, trat heraus und fraß.

So lag Petz III. viele Jahre auf der Bärenhaut. Und da die zwar nicht gedeihliche, aber doch erwünschte Waldordnung die ganze Zeit über kein einziges Mal verletzt wurde und keine Missetaten außer den ›natürlichen‹ geschahen, so ließ des Löwen Gnade nicht auf sich warten. Erst wurde der Bär zum Oberstleutnant befördert, dann zum Obersten und schließlich gar . . .

Doch da erschienen in jener Gegend die Lukaschenbauern, und Petz III. trat aus seiner Höhle ins Freie. Und nun ereilte ihn das Schicksal aller Pelztiere.

Emil Zopfi
Die nackten Bären

Ich bin ein alter Bär. Jack heiße ich. Jedenfalls haben mich die andern immer so gerufen. Nein, nicht die Bären hier im Gebirge, sondern die andern in jenem Tal, in dem ich früher lebte. Ich erzähle nicht gern davon, denn oft werde ich deswegen ausgelacht. Besonders die jungen Bären necken mich immer wieder. »Erzähl doch wieder einmal das Märchen von den nackten Bären, Großvater«, spotten sie. Dann verkrieche ich mich in meine Höhle. Ach, was sind das für Zeiten, wo man einem alten Bären nicht mehr glaubt, was er erlebt hat. Ja, wenn ich noch so jung und stark wäre wie damals, wäre das anders. Wenn ich noch ein so dichtes braunes Fell und so scharfe Krallen hätte. Niemand würde es wagen, mich auszulachen. Aber seit sie mich hier ins Gebirge gebracht haben, fühle ich mich müde und alt. Ich hocke in meiner Höhle und denke nur noch an früher, an mein breites, sonniges Tal. Auf seinem Grunde sprudelte ein klarer Bach, in dem es von glitzernden Fischen wimmelte. Fische, sage ich euch! Wenn ich daran denke, läuft mir das Wasser im Maul zusammen. Ich kannte damals eine untiefe Stelle im Bach, wo ich mit Leichtigkeit die saftigsten Forellen fangen konnte. Zum Nachtisch gab es in den lichten Wäldern Beeren, Pilze, Nüsse und Früchte im Überfluß. Und manchmal fand ich in einem hohlen Baumstamm sogar die süßen Honigwaben wilder Bienen. Kurz: jenes Tal war ein Paradies.

Natürlich waren da noch die anderen. Irgendwann waren sie aufgetaucht. Zuerst beachtete ich sie kaum. Sie kamen in kleinen Herden, so wie manchmal Wildschweine durchs Tal zogen. Wenn ich sie von weitem sah, verkroch ich mich. Ich wollte meinen Frieden haben. Ihr könnt euch nicht vorstellen, wie ich erschrak, als ich vor meiner Höhle zum ersten Mal einem der andern Bären begegnete. Wäre es ein gewöhnlicher Braunbär gewesen, ich hätte nicht viel Federlesens gemacht. Aber so flüchtete ich mich auf den nächsten Baum, und dort blieb ich, bis der fremde Bär verschwunden war. Daß es ein Bär gewesen war, hatte ich sofort gesehen, denn er war auf seinen Hinterpfoten davongegangen. Und das kann ja wirklich nur ein Bär, oder?

Nun wußte ich, daß ich es mit einer ganz besonderen Sorte von Bären zu tun hatte. Sie haben nicht viel mit uns gewöhnlichen Braunbären gemeinsam. Nicht einmal ein Fell haben sie, und deshalb nannte ich sie ›die nackten Bären‹. Um ehrlich zu sein: Ein ganz kleines Stück Fell haben sie auf dem Kopf, und um den nackten Körper wickeln sie bunte Lappen, die sie nur ablegen, wenn sie im Bach schwimmen. Sie sind kleiner als wir Braunbären, doch bewegen sie sich flink und stoßen oft eigenartige, schrille Laute aus. Ihr Gebiß scheint nicht sehr gefährlich zu sein, und ihre Krallen sind stumpf. Das merkte ich alles erst mit der Zeit, und so verlor ich allmählich meine Angst vor ihnen.

Wenn ich mich einer Herde nackter Bären näherte, riefen sie oft »Jack, Jack . . .« und zeigten auf mich. Schließlich begriff ich, daß sie mich so nannten in ihrer Sprache. Und deshalb bin ich heute noch stolz auf diesen Namen, den die dummen Bären hier im Gebirge nicht einmal richtig aussprechen können.

Aber sonst habe ich nicht viel von ihrer Lebensweise verstanden. Wohl kamen sie in immer größeren Herden ins Tal, doch keiner richtete sich in einer Höhle ein. Obwohl jenes Tal das reinste Paradies ist, schien es ihnen doch nicht so zu gefallen, daß sie sich für immer niederließen.

Mit der Zeit hatten sie einen breiten Pfad durch den Wald getrampelt, über den sie sich in komischen, brummenden Kisten fortbewegten. An einer schönen, sonnigen Stelle hielten sie an. Mehrere Bären entstiegen der Kiste, dann bauten sie sich rasch eine Hütte aus denselben Lappen, die sie auch um den Körper wickelten. Rund um diese Hütten war ein Kommen und Gehen wie auf einem Ameisenhaufen. Überhaupt haben sie viel Ähnlichkeit mit Ameisen. Sie sind nie in Ruhe. Ständig streunen sie umher. Sie folgen schmalen Pfaden, die sie durch den Wald getrampelt haben. Wenn sie sich begegnen, stoßen sie schrille Laute aus oder tasten sich mit den Vorderpfoten ab. Im Bach schwimmen sie oder reiten auf einer Art farbiger Baumstämme durchs strudelnde Wasser. Einige klettern sogar an den Felswänden herum, die das Tal umgeben. Man erkennt sie daran, daß sie mehr Fell haben als die gewöhnlichen, nämlich noch rund ums Maul herum. Ich habe ihnen oft zugeschaut, wie sie sich gegenseitig an langen Leinen durch die Felsen hochziehen.

Ehrlich gesagt: Warum die nackten Bären das alles machen, habe ich nie herausgefunden. Sie suchen nicht etwa nach Nahrung wie ein normales Tier, wenn es durch den Wald streift. Die Beeren und Früchte lassen sie meist achtlos an Sträuchern und Bäumen hängen, ja oft zertrampeln sie sogar die schönsten Pilze. Ich habe auch nie einen nackten Bären einen Fisch fangen sehen, obwohl sie sich scharenweise im Wasser tummelten. Und selbst so Leckerbissen wie Hasen, Hühner und junge Rehe verscheuchten sie mit ihren schrillen Stimmen und dem Gebrumm ihrer Kisten. Sie brachten nämlich all ihr Fressen mit. Wenn sie ihre Vorräte aufgezehrt hatten, brachen sie ihre Hütten wieder ab und verließen das Tal.

Eigentlich war ich ja froh, daß sie nicht alles auffraßen. Auch wenn sie viel zertrampelten und die kleinen Tiere verscheuchten, so hatte ich doch immer noch genug zum Leben. Jedenfalls mehr als hier in diesem kahlen Gebirge.

Oft lag ich auf einem versteckten Vorsprung im Schatten und schaute dem Treiben im Tal zu.

Da kam mir eines Tages die Idee: Könnte es nicht sein, daß diese nackten Bären Kinder sind, junge Tiere, die von ihren Alten hierhergeschickt werden zum Spielen? Natürlich! Auch Braunbärenkinder sind ja nackt, wenn sie zur Welt kommen. Nur sind sie dann noch winzig klein, nicht größer als eine Ratte. Diese nackten Bären mußten die Kinder riesiger Tiere sein, die draußen in den Ebenen ihr Fressen suchten. Dort mußte es im Überfluß vorhanden sein. Wie anders war es sonst zu erklären, daß die Bärenkinder selbst in ein so schönes Tal ihr Fressen mitbrachten.

Der Gedanke an die riesigen Bären beunruhigte mich sehr. Doch dann sagte ich mir wieder: Bisher sind nur nackte Bärenkinder hier in mein Revier gekommen, und vor denen brauchst du dich nicht zu fürchten. Ich nahm also all meinen Mut zusammen und näherte mich dem Platz, wo ihre Hütten standen. Und da bemerkte ich wieder etwas Sonderbares. Die nackten Bären stießen aufgeregte Schreie aus: »Jack . . . Jack . . .« Sie schienen Angst vor mir zu haben, zogen sich zurück und ließen selbst ihr Fressen liegen. Welcher richtige Bär würde das tun? Ich beschnupperte einmal, was da herumlag. Mmmmh . . . sage ich euch. Das duftete! Ich wollte nur ein klein wenig versuchen, wovon sie sich ernähren. Natürlich wußte ich, daß andere Bären unheimlich wild werden, wenn man in ihr Revier eindringt und sich an ihr Fressen macht. Aber ich konnte nicht widerstehen. Ich fraß ein paar duftende Brocken, die aussahen wie Holzstücke, jedoch weich und süß waren. So etwas Herrliches hatte ich in meinem ganzen Leben noch nie gekostet. Aus der nächsten Hütte drang ein ganz anderer Geruch. Ratsch . . . mit einem Tatzenschlag fegte ich die Lappen weg. Schon wühlte ich in einem ganzen Haufen von Vorräten, schleckte ein weißes Mehl, das süßer war als die Waben wilder Bienen, zerrte mit den Krallen kleine Behälter auf, in denen die nackten Bären Fische und Fleisch aufbewahrten. Ich fraß und schleckte alles durcheinander, denn ich hatte plötzlich einen unheimlichen Hunger bekommen, einen richtigen Bärenhunger. Eine Hütte nach der andern räumte ich aus, fraß immer erst die weichen Brocken, setzte mich dann hin, öffnete die kleinen Behälter und schleckte sie genüßlich aus.

Die nackten Bären waren alle geflohen. Eigentlich, so dachte ich, ist das ja mein Revier, und wenn sie mir ihr Fressen einfach so überlassen, werden sie wohl andernorts noch genügend davon haben.

Endlich war ich richtig satt. Ich trottete zum Bach, löschte meinen Durst und legte mich in den Schatten eines Baumes. Ich war so faul und schläfrig, daß ich nicht einmal mehr zu meiner Höhle hinaufklettern mochte.

Ach, ich dummer Bär! Wie ich erwachte, sah ich nämlich, wie sich eine kleine Herde der nackten Bären näherte. Es schien eine andere Sorte zu sein als jene von den Hütten. Ich merkte gleich, daß sie keine Angst vor mir hatten. In den Pfoten hielten sie lange Prügel, die sie auf mich richteten. Nun hieß es also zeigen, wem dieses Revier gehörte ... Ich richtete mich auf, fletschte die Zähne und brummte. Ihr hättet mich sehen sollen. Jeder dieser mageren Bergbären hier in der Gegend hätte sich umgedreht und wäre davongelaufen. Nicht so die nackten Bären mit den Prügeln. Sie kamen näher und dann ... Srrrt ... sauste mir etwas ins Fell, das mich wie eine Hornisse stach. Srrrt ... noch ein Stich. Der Boden begann unter meinen Pfoten zu schwanken. Ich mußte auf allen vieren Halt suchen. Die Bäume begannen um mich herum zu tanzen. Ich fiel hin und schlief gleich ein.

Als ich erwachte, konnte ich mich nicht mehr bewegen. Ich war gefesselt, und selbst ums Maul hatte ich ein ekliges Gestell. Ich konnte nicht einmal mehr brummen. Einige der nackten Bären machten sich an mir zu schaffen. Eine riesige Herde hatte sich versammelt und betrachtete mich neugierig.

Und dann geschah etwas Ungeheuerliches. Ein Dröhnen und Brummen näherte sich. Am Himmel erschien ein riesiger Vogel mit schillernden Flügeln. Noch nie hatte ich so ein Ungetüm gesehen. Langsam schwebte es herab, und genau über mir blieb es in der Luft stehen. Seine Flügel bewegten sich so schnell, daß ein Sturm über den Platz fegte und die Bären zurückwichen. Vom Bauch des Vogels hing eine Leine herab. Daran wurde ich angebunden. Dann schwang sich der Vogel mit gewaltigem Dröhnen in die Luft. Ich baumelte an seinem Bauch und konnte noch sehen, wie unten die nackten Bären durcheinanderliefen. Bald waren sie so klein, daß sie wirklich nur noch wie Ameisen aussahen. Wir flogen immer höher, und trotz meiner furchtbaren Angst schaute ich hinab. Ein letztes Mal sah ich unten mein Tal mit dem lichten Wald und dem glitzernden Bach. Dann verlor ich das Bewußtsein wieder.

Als ich erneut erwachte, lag ich hier in der Nähe zwischen ein paar Büschen. Ich war nicht mehr gefesselt. Nicht weit entfernt stand der große Vogel, und in seinem Bauch saßen zwei nackte Bären. Als ich meine zerschundenen Glieder streckte und mich unsicher aufrichtete, da hob der Vogel ab, stieg in die Luft und verschwand über jenen Bergen. Seither habe ich nie mehr einen nackten Bären gesehen, und auch der riesige Vogel ist nie mehr aufgetaucht.

Wie gesagt: Ich bin jetzt ein alter Bär, und ich habe viel erlebt und darüber nachgedacht. Auch wenn mich die andern hier auslachen, so bin ich doch sicher, daß die nackten Bären auch in diese Gebirge kommen werden. Und dann werden wieder die großen Vögel kommen und die letzten Braunbären davontragen. Wohin? fragt ihr. Das weiß ich auch nicht. Ich hoffe nur, daß ich es nicht mehr erleben muß.

Übrigens: Diese Geschichte ist keineswegs erfunden. Im Yosemite-Nationalpark in Kalifornien gibt es Bären, die in der Nähe von Campingplätzen leben. Sie sind scharf auf den Proviant der Touristen. Sonst sind sie harmlos. Tiere, die zu aufdringlich werden, werden von den Parkwächtern eingefangen, betäubt und mit Helikoptern in abgelegene Gebiete geflogen.

Märchen der Niwchen
Der Bär und das Erdhörnchen

Der Bär schleppte sich Moos und Blätter in seine Höhle, kroch in einen dunklen Winkel und schlief dort so fest ein, daß er nicht sah, wie es schneite, nicht hörte, wie der Wind über dem Wald heulte und die alten Tannen und Zedern im Frost knarrten.

Als die Frühlingssonne über der Taiga aufging, den Schnee schmelzen ließ und die ersten Bächlein murmelten, wachte der Bär auf. Er trottete aus seiner Höhle und setzte sich auf einen Baumstumpf.

Dann rieb er sich die Augen, reckte sich und brummte:

»Frühling, aber nichts zu essen! Was macht man da bloß?«

Der Bär hatte wirklich Hunger. Den ganzen Winter lang hatte er ja nichts gefressen. Kein Wunder also, daß ihm der Bauch knurrte.

Also ging er eine Beute suchen. Aber was konnte er schon finden, wenn ringsum noch Schnee lag? Kein grünes Hälmchen war zu sehen. Bis seine Nahrung, die Beeren und Nüsse reiften, würde es noch lange dauern.

So tappte der Bär durch den Wald. Plötzlich sah er einen Baumstumpf, unter dem sich etwas regte.

Er umfaßte den Stumpf und wollte ihn umstürzen, doch gelang es ihm nicht. Der Baumstumpf hatte starke Wurzeln, der Bär aber noch wenig Kraft.

Vor Verdruß brummte er:

»Ist hier jemand? Dann komme er heraus!«

Unter dem Stumpf erschien ein gelbliches Tierchen, ein Erdhörnchen. Es hatte auch den ganzen Winter in seiner kleinen Höhle unter den Wurzeln geschlafen.

Des Erdhörnchen sah vor sich den riesigen, brummenden Bären stehen. Verwundert fragte es:

»Warum bist du denn so verdrießlich, Großvater Bär?«

»Vor lauter Hunger! Den ganzen Winter habe ich nichts gefressen. Hast du nicht irgend etwas für mich?«

»Gleich bringe ich dir etwas«, versprach das Erdhörnchen.

Es schlüpfte in seine Vorratskammer, wo es seit dem Herbst noch Vorräte hatte, und brachte süße Wurzeln heraus.

»Da, Großvater, iß!«

Der Bär ließ es sich schmecken und wurde freundlicher.

»Dank dir, liebes Erdhörnchen! Du bist ein gutes kleines Tierchen.«

Und der Bär strich dem Erdhörnchen mit seiner Tatze über den Rücken. Er streichelte es zart und vorsichtig, und doch erschienen auf dem gelben Fell des Erdhörnchens dunkle Streifen von der Bärentatze.

Seither haben alle Erdhörnchen diese Streifen auf dem Rücken. Und wenn andere Tiere sie fragen:

»Wovon ist euer Fell denn gestreift, Erdhörnchen?«
Dann antworten sie:
»Großvater Bär hat uns gestreichelt.«

Michael Koseler
Der Graubär

Ein Bär, der in die Jahre kam
und sich das sehr zu Herzen nahm,
sprach bei sich: Meiner Treu!
Bald ist's mit mir vorbei.

Mein Pelz wird grau, der Blick so trübe,
ach, wenn doch jugendfrisch ich bliebe!
Und auch der Honig schmeckt recht fade –
um mich ist's wirklich jammerschade.

All dies ist nun zwar ganz verständlich,
man möchte sagen: durchaus menschlich;
doch irrt der Petz und wird erfahren:
Er ist ein Bär in besten Jahren.

Kurt Kusenberg
Eine Schulstunde

Der Lehrer für Zoologie legte großen Wert auf anschaulichen Unterricht. Aus diesem Grunde brachte er die Tiere, deren Merkmale und Lebensweise erläutert werden sollten, stets in die Schule mit. Ein anderer Schulleiter hätte vielleicht Einspruch erhoben, denn von Rechts wegen gehören lebende Tiere, vor allem Raubtiere, nicht ins Klassenzimmer, ganz davon zu schweigen, daß sie unter

Umständen den Schülern gefährlich werden können. Der Mann jedoch, dem die Schule unterstand, war ebenfalls der Meinung, Unterricht könne nicht anschaulich genug sein. Bevor er sich anschickte, Geschichtsstunde zu erteilen, pflegte er die Tracht der jeweils behandelten Zeit anzulegen, und solange man die Dramen des großen Shakespeare durchnahm, sahen ihn seine Schüler nie anders als glatzköpfig und spitzbärtig. Es versteht sich demnach, daß er der Letzte gewesen wäre, der dem Lehrer für Zoologie sein Tun verwiesen hätte.

Wir haben wenig Ursache, aus zahllosen Unterrichtsstunden, die der Tierkunde gewidmet waren, gerade die folgende herauszugreifen, denn sie alle spielten sich mehr oder weniger in gleicher Weise ab. Will man aber anschaulich werden, so muß man sich schon entschließen, ein Exempel zu geben, und das geschehe hiermit. Die Stunde, von der wir berichten, war dem Bären gewidmet.

Die Schüler wußten das bereits, denn der Unterricht ließ sich vom Lehrbuch leiten, und das Lehrbuch verhieß ihnen eben dieses Tier. Sie waren daher nicht erstaunt, als der Lehrer, indem er eintrat, einen großen braunen Bären an der Kette hinter sich herzog. Einige freilich traf das hart, weil sie mit einem Eisbären gerechnet und kleine Geldbeträge darauf gewettet hatten; den schlimmsten Verlust erlitt ein Schüler namens Artur, der alles, was er besaß, auf einen Malaienbären gesetzt hatte, in der Meinung, ein solcher sei besonders handlich und für die Schulstunde wie geschaffen. Da die Gewinner in der Überzahl waren, erhielt das Tier freundlichen Beifall. Unbekümmert darum, kauerte der Bär sich nieder und blinzelte die Klasse listig an.

Die gute Aufnahme, welche sein Begleiter gefunden, tat dem Lehrer sichtlich wohl. Er, der von den heimlichen Wetten nichts wußte, konnte sich nie erklären, warum gewisse Tiere beifällig begrüßt und andere mürrisch hingenommen wurden. Er schrieb es einer seltsamen, aus Urzeiten herrührenden Wechselbeziehung zwischen Mensch und Tier zu und arbeitete in den Mußestunden an einem großen Werk, dem er die Erfahrungen, die er mit seinen Schülern machte, vertrauensvoll zugrunde legte. Beglückt über die Tatsache, daß gerade der Bär, den er aufs höchste schätzte, den Schülern wohlgefiel, setzte er sich ans Katheder und eröffnete die Stunde.

»Ehe man sich«, sprach er, »über einen Gegenstand neues Wissen aneignet, soll man besinnlich herzählen, was man über diesen Gegenstand bereits weiß oder über ihn zu wissen vermeint. Was weißt du, Artur, über Bären?«

Der Aufgerufene befand sich nicht in der besten Laune, denn er rechnete eben seine Verluste nach. Unwillig stand er auf und antwortete: »Es gibt vielerlei Bären: Himbeeren, Erdbeeren, Stachelbeeren, Brombeeren, Johannisbeeren –«

»Schluß!« rief der Lehrer. »Das ist weder ergiebig noch geistreich, und ich verbitte mir solche Abschweifungen in die Botanik. Wir treiben hier Zoologie, dumme Witze sind uns ein Greuel, und wer nichts weiß, möge lieber schweigen – mit einem Wort: es geht nicht an, daß man in Anschauung eines lebendigen Tieres von Früchten spricht, die ihm allenfalls als Nahrung dienen könnten, jedoch nichts mit ihm selbst zu schaffen haben. Setze dich, Artur, und danke es meiner Langmut, wenn ich dich nicht strafe. Du hingegen, Paul, wirst mir gewiß über den Bären zu erzählen wissen. Ist dir irgendeine Eigenschaft bekannt, die den Bären von anderen Tieren unterscheidet?« Paul, der bei den Wetten nicht übel abgeschnitten hatte, war durchaus erbötig, dem Lehrer Auskunft zu geben. Daß es ihm nicht geriet, hing mit einem Mangel an Klugheit zusammen, der angeboren war.

»Der Bär«, erklärte Paul frohgelaunt, »ist eßbar.«

Das war nun wirklich eine alberne Antwort, die selbst der Lehrer belächelte, indes das Schulzimmer vor Lachen widerhallte. Paul lachte auf alle Fälle mit, nicht wissend, wie er die große Wirkung zustande gebracht hatte. Als der Lärm sich legte, nahm der Lehrer die Führung wieder auf.

»Deine Antwort, Paul, befriedigt nicht, denn fast alle Kreaturen sind eßbar. Auch du bist eßbar.«

Bei diesen Worten hob der Bär, der bis dahin träge vor sich hingedämmert hatte, den Kopf und sah Paul aufmerksam an. Verstand er, wovon die Rede war? Wie dem auch sei: Paul hielt es für geraten, sich niederzusetzen, und richtete es so ein, daß sein Vordermann ihn dem Blick des Bären entzog. Die Klasse, die schon zu neuem Gelächter bereit gewesen war, blieb plötzlich seltsam still. Nur der unzufriedene Artur murmelte verstockt: »Preiselbeeren, Vogelbeeren, Blaubeeren . . .« erhielt jedoch von seinem Nachbarn einen Stoß, der auch ihn zum Schweigen brachte.

Beglückt über die ungewohnte Stille, fuhr der Lehrer fort: »Wenn ihr schon keine Eigenart unseres Gastes zu nennen vermögt, so ist euch vielleicht dieser oder jener Anverwandte des braunen oder gemeinen Bären – um einen solchen handelt es sich hier – bekannt. Na, Josef, wie steht es damit?«

Der Schüler wand sich aus der Bank, schickte einen vorsichtigen Blick nach dem Tier, das ihn aber nicht beachtete, und sprach: »Eißer dem gemeinen Bir gibt es den Eisbir, den Grizzly-Bir, den schwirzen Bir und indere Biren, die gleichfills im Lehrbuch stehen.«

Der Lehrer erstarrte. »Josef, du bist des Teufels! Wie kommst du dazu, mutwillig unsere Sprache zu verunstalten?«

Josef schwieg eine ganze Weile, ehe er sich zu einer Erklärung bequemte. »Die Siche ist die, Herr Lehrer, diß ich ein Gelöbnis ibgelegt hibe, vier Wochen ling den ersten Vokil des Ilphibets nicht eiszusprechen. Ilso helfe ich mir mit dem Vokil i. Wis kinn ich tun? Schwur ist Schwur und muß gehilten werden.«

»Setzen!« donnerte der Lehrer. »Dein törichtes Gelöbnis wird dich teuer zu stehen kommen.« Josef tat, wie ihm geheißen, und machte dazu die Miene eines Ritters, der eine harte Probe übersteht. Wider alles Erwarten lachte niemand; die Klasse ehrte Josefs standhaften Mut. Und es war wie eine Erlösung, als plötzlich ein Schüler den Arm in die Höhe reckte.

Alle blickten zu ihm hin, sogar der Bär, und der Lehrer fragte freundlich: »Na, Kurt, was hast du uns zu sagen?«

Kurt sprang auf: »Der Bär, Herr Lehrer, hat Bärenkräfte.«

»Gut«, lobte der Lehrer. »Das ist eine treffliche Bemerkung.«

Der Bär schien der gleichen Ansicht zu sein, denn er zerschlug mit einem einzigen Tatzenhieb das Stühlchen, welches neben ihm stand. Dann kauerte er sich wieder zusammen und schaute den Knaben gespannt an.

Kurt stockte, doch ein Kopfnicken des Lehrers ermutigte ihn, fortzufahren. »Wenn der Bär angegriffen wird, stellt er sich auf die Hinterbeine.«

»Ausgezeichnet«, murmelte der Lehrer und wandte sich blitzschnell nach dem Bären um, der jedoch liegenblieb, offenbar deshalb, weil ihn niemand angriff. Statt dessen ließ das gewaltige Tier ein Brummen vernehmen, welches sich recht beifällig anhörte. Vor Stolz geschwellt, spielte der Schüler seinen letzten Trumpf aus. »Der Bär«, sagte er und betonte jedes Wort, »ist ein Leckermaul. Am liebsten frißt er Honig.«

»Aber nicht meinen!« Artur schnellte empor und blickte

ängstlich nach dem Schrank, auf dem ein goldgelbes Glas stand. »Wenn ich ihn nicht nach Hause bringe, setzt es Schläge.« Kaum waren die Worte gesprochen, so erhob sich der Bär mit allen Anzeichen lüsterner Gier und ging daran, den Schrank zu ersteigen, wobei ihm ein kleiner Waschtisch, der eigentlich den Lehrern vorbehalten war, gute Dienste leistete. Artur rannte vor, der Lehrer stellte sich ihm in den Weg, andere Schüler sprangen herbei, um den Unbesonnenen zu zügeln – kurzum, es herrschte ein unbeschreiblicher Tumult, den der Bär weidlich ausnutzte, indem er sich, nunmehr auf dem Schrank sitzend, über den Honig hermachte.

Der Lärm war wohl weithin hörbar geworden; jedenfalls ging die Tür auf, und der Leiter der Schule trat ein. Er war in die Tracht Ludwig des Vierzehnten gekleidet, mit Rücksicht darauf, daß er seine Klasse über die Kriege des Sonnenkönigs unterrichtete. Seine Haltung war derart majestätisch, daß alle ringsum reglos wurden. Selbst der Bär ließ von dem Honig ab und starrte unruhig auf den Ankömmling.

»Was geht hier vor?« sprach eine mächtige Stimme.

Der Lehrer ermannte sich und trat einen Schritt vor: »Wir obliegen, Herr Direktor, in diesem Augenblick einem besonders anschaulichen Unterricht. Der Schüler Kurt machte die zutreffende Bemerkung, der braune oder gemeine Bär sei ein Leckermaul und fresse am liebsten Honig. Um solches zu bewahrheiten, stellte der Schüler Artur ein eigens zu diesem Zwecke mitgebrachtes Honigglas zur Verfügung. Was Wunder, daß Meister Petz sogleich die Gelegenheit beim Schopfe ergriff und uns bewies, wie sehr er es verdient, ein Leckermaul genannt zu werden? Dort oben hockt er, Herr Direktor, und ließe es sich auch weiterhin wohl sein, wenn Ihre unverhoffte Dazwischenkunft ihn nicht aufgestört hätte.«

Als habe er auf das erlösende Wort gewartet, fuhr der Bär fort, das Glas auszuschlecken. Der Schulleiter sah ihm wohlwollend zu, nickte kurz und wandte sich an den Lehrer.

»Ich schätze die Art Ihres Unterrichts sehr, denn sie ist der meinen nicht unähnlich. Will man den Schülern etwas einprägen, so muß man es ihnen anschaulich machen. Das verstehen Sie meisterlich.«

Während er zur Tür ging, schrillte die Glocke und kündigte das Ende der Schulstunde an. Der Lehrer lockte den Bären vom Schrank herunter, nahm ihn wieder an die Kette und verließ mit dem Tier das Klassenzimmer. In dieser Weise, je nach den Tieren ein wenig verschieden, nahm für gewöhnlich der Zoologieunterricht seinen Fortgang.

Felix Mitterer
Im Schaufenster

Der große Bär stand eines Tages unversehens in einem Schaufenster des Jagdbekleidungsgeschäftes Steiner und schaute verwundert auf die Maria-Theresien-Straße hinaus. Herr Steiner Junior hatte den Bären von einem Zirkus gemietet, und das schöne Tier sollte als Blickfang für die sportliche Jägerbekleidung dienen. So stand nun der große Bär in einem schmalen Gitterkäfig im Schaufenster, und um ihn herum standen männliche Puppen, bekleidet mit grünen Jägerhemden und Jägerjacken und Jägerhosen und Jägermänteln und Jägerhüten; jede auch behängt mit einem Jagdgewehr. Die Idee von Herrn Steiner Junior war eine gute Idee, denn tatsächlich sammelten sich die Passanten vor dem Schaufenster an und bestaunten den großen Bären, der ein braunes Fell besaß und blitzende, lange Zähne. Oberhalb des Schaufensters war ein Lautsprecher angebracht, so daß man das Brummen des Bären besser hören konnte. Manchmal, wenn einer zum Spaß ans Fenster klopfte, brüllte der Bär auch, und dann wichen die Passanten erschrocken zurück. Zweimal am Tag erschien ein Wärter vom Zirkus, der den großen Bären fütterte und tränkte. Am Abend blieb das Licht bis Mitternacht im Schaufenster eingeschaltet, damit auch die Leute, die aus den Kinos und Restaurants kamen, den Bären und die schönen Jagdkleider bewundern konnten. Nicht alle Passanten waren damit einverstanden, daß Herr Steiner Junior einen lebenden Bären als Reklame benutzte. Manche meinten, ein ausgestopfter Bär hätte wohl auch als Blickfang genügt. Besonders an den Nachmittagen, wenn die Sonne heiß in die Auslage brannte und die Wasserschüssel längst leer war, schüttelten manche Leute den Kopf und meinten, so etwas sei nicht recht. Einige gingen auch ins Geschäft und sagten zu den Verkäufern, man solle doch wenigstens die Wasserschüssel nachfüllen, was dann auch geschah. Trotzdem fühlte sich der große Bär anscheinend sehr unwohl, denn stundenlang stand er im Käfig, umfaßte mit den Pranken die Gitterstäbe und wiegte ununterbrochen seinen schweren Körper hin und her. In der fünften Nacht sprühte ein Unbekannter mit roter Farbe einen Satz auf die Schaufensterscheibe: LASST DEN BÄREN FREI! Herr Steiner Junior ließ die Aufschrift am Morgen sofort von einem Lehrling herunterwaschen und erstattete bei der Polizei Anzeige gegen Unbekannt wegen Geschäftsstörung und boshafter Sachbeschädigung. In der siebten Nacht versuchte ein Unbekannter die Auslagenscheibe mit einem Stein einzuwerfen, um den Bären zu befreien. Aber das mißlang, weil die Scheibe einbruchsicher war und außerdem sofort eine Alarmsirene losheulte. Herr Steiner Junior ließ die beschädigte Scheibe auswechseln und erstattete wiederum Anzeige. In der zehnten Nacht setzte ein Unbekannter die Alarmanlage außer Betrieb, erbrach das Tor zur Hofeinfahrt, dann die Tür zum Lieferanteneingang, dann die Tür vom Lager zum Geschäft, öffnete den Käfig des Bären und verschwand wieder. Zwei Stunden später erwachte der Bär aus seinem unruhigen Schlaf, weil ein Motorrad donnernd an der Auslage vorbeifuhr. Er schaute eine Weile auf die menschenleere Maria-Theresien-Straße hinaus und wollte sich dann wieder in einer Ecke des Käfigs zusammenrollen. Dabei stieß er aber mit dem Hinterteil gegen die offene Käfigtür, und sie bewegte sich quietschend. Der große Bär schaute erstaunt und schlug dann mit einer Pranke leicht gegen die Tür. Sie öffnete sich noch ein Stück weiter. Da erhob sich der Bär auf die Hinterbeine, trat aus dem Käfig, ging um ihn herum und wollte die Auslage durch die Scheibe verlassen. Er prallte aber heftig mit der Nase gegen das Glas, brummte verärgert und wußte nicht, was ihn da aufhielt. Er probierte es noch einmal, aber wieder prallte er gegen das Glas. Verwundert begann er nun mit den Pranken die unsichtbare Wand abzutasten und daran zu kratzen, und schließlich leckte er auch mit seiner langen Zunge daran. Er überlegte nun eine Weile, dann schlug er plötzlich mit beiden Pranken mehrmals gegen das Glas, aber es nützte nichts. Da wurde der große Bär böse und begann im Schaufenster um sich zu schlagen und riß dabei sämtliche Puppen mit all den schönen Jägerkleidern zu Boden. Draußen ging eben ein betrunkener Herr vorbei. Er blieb fassungslos stehen, wischte sich ungläubig über die Augen und ging denselben Weg wieder zurück, wahrscheinlich in das Gasthaus, aus dem er eben gekommen war, um noch ein weiteres Gläschen zu trinken. Der große Bär verwickelte sich in einen weiten, grünen Hubertusmantel, stolperte und fiel plötzlich durch den grünen Vorhang in das Innere des Geschäftes. Nachdem er unwillig brummend den lästigen Mantel in kleine Streifen zerrissen hatte, tappte er im dunklen Geschäft herum, bis er die offenstehende Tür zum Lagerraum fand. Dort lief er gegen einen langen Metallständer, auf dem Hunderte von Kleidungsstücken hingen, und fiel mit ihm zu Boden. Der große Bär war nun ziemlich verärgert und machte aus dem Lagerraum Kleinholz. Ganze Regale mit Jägerkleidung stürzte er um, zerfetzte auch etliche zur Jägerkleidung passende Frauenkleider, sogenannte Dirndl, und stand schließlich als Sieger im Kampf gegen das Kleiderheer aufrecht mitten im Lager. In diesem Augenblick betrat ein Herr von der Wach- und Schließgesellschaft den Lagerraum, weil er bei seinem Kontrollgang die offenen Türen bemerkt hatte. Der Wächter schaltete das Licht ein, sah den Bären und fiel in Ohnmacht, bevor er noch schreien konnte: »Halt, wer da?!« Der große Bär stieg über den ohnmächtigen Herrn von der Wach- und Schließgesellschaft hinweg und ging durch den Lieferanteneingang in den Hof hinaus. Dort rannte er im Dunkeln gegen ein Auto, das Herrn Steiner Junior gehörte, aber das wußte der Bär nicht. Er ärgerte sich nur von neuem, holte weit aus mit seinen Pranken und drosch dem Auto eine aufs Dach, daß dieses einen halben Meter einsank. Das tat aber dem großen Bären nicht wenig weh. Er steigerte sich in einen ziemlichen Zorn und zerlegte den schönen, jagdgrünen Mercedes des Herrn Steiner Junior fast in sämtliche Einzelteile. Die Scheiben mußten daran glauben und die Scheinwerfer und die Rücklichter, der Kofferraumdeckel bekam Beulen und auch der Auspuff fiel scheppernd zu Boden. Mitten in dieser geräuschvollen Aktion erschien plötzlich Herr Steiner Junior auf einem Balkon des Innenhofs. Er war durch den Lärm aus dem Schlaf gerissen worden. »Was ist denn da los?« rief er, erhielt aber keine Antwort, rannte also über die Stiege herunter, schaltete die Hofbeleuchtung ein und stand dem großen Bären gegenüber. Herr Steiner Junior erschrak entsetzlich. Der Bär aber blickte ihn gleichmütig an, denn sein Zorn war verraucht und er machte nun einen eher friedlichen Eindruck. Herr Steiner Junior aber wußte das nicht zu schätzen. Zu groß war sein Schreck über den Ausbruch des Bären und noch größer über die mutwillige Vernichtung seines jagdgrünen Autos. Er drehte sich um, rannte blitzschnell in seine Wohnung, holte die Jagdflinte aus dem Kasten, lud sie, lief auf den Balkon, legte an – aber da war keine Spur mehr vom Bären, denn der hatte den Hof bereits durch das offenstehende Tor verlassen. Fluchend rannte Herr Steiner Junior auf die Straße hinaus und erblickte den großen Bären, wie er gemütlich an den Auslagen vorbeibummelte. Herr Steiner Junior legte an, zielte, schoß – und da gabs ein gewaltiges Krachen und Klirren, weil nämlich eine Auslagenscheibe von Herrn Steiners Jagdbekleidungsgeschäft auseinanderbarst. Was für ein Unglück! Der große Bär aber trollte sich unverletzt davon. Er trabte durch die Herzog-Friedrich-Straße, vom Marktgraben zum Innrain, an der Dankl-Kaserne vorbei, über die Innbrücke, die Höttinger Gasse hinauf, sah vor sich im Licht des Mondes das Karwendelgebirge, an dessen Fuß weite Fichtenwälder sich erstrecken, schnaufte zufrieden auf, und war auch bald zwischen den schützenden Bäumen verschwunden.

Iwan Krylow
Der Bär bei den Bienen

Zum Hüter ihrer Bienenstöcke
erwählten einst im Lenz die Tiere – wen? – den Bär.
Es gäb' ein anderer wohl bessere Gewähr –
bekannt ist ja, daß Petz gern Honig schlecke –,
nachträglich gäb's auch nicht Verdruß;
doch wer erwartet denn von Tieren klugen Schluß?
Gemeldet hatten viele sich,
man wies sie alle fort;
und – es ist wirklich lächerlich –
der Bär läuft glücklich ein in diesen Port.
Nun aber ging's doch schlimm,
da Petz gar ungestüm
schleppt allen Seim in seine Höhle.
Wie's ruchbar wird, erhebt man groß Geschrei,
setzt nieder ein Gericht, daß alles formstreng sei.
Mein Petz wird abgesetzt mit dem Befehle,
daß in der Höhle er den Winter liegen muß.
Man hatte inquiriert, deliberiert,
dann judiziert, protokolliert,
den Honig aber nicht restituiert.
Petz, der bisher geregt nicht Hand noch Fuß,
empfahl sich jetzt und trat
den Rückzug an in seines Lagers warme Gründe,
saugt dort die Honigpfote früh und spat
und sinnet schon auf neue Sünde.

A. A. Milne
Pu der Bär

Drittes Kapitel
In welchem Pu und Ferkel auf die Jagd gehen und beinahe ein Wuschel fangen

Das Ferkel wohnte in einer großartigen Wohnung inmitten einer Buche, und die Buche stand inmitten des Waldes, und das Ferkel wohnte inmitten der Wohnung. Gleich neben der Wohnung stand ein zerbrochenes Schild, auf dem »BETRETEN V« stand. Als Christopher Robin das Ferkel fragte, was das zu bedeuten habe, sagte es, das sei der Name seines Großvaters, ein Name, der schon lange in der Familie sei. Christopher Robin sagte, man *könne* nicht Betreten V heißen, und Ferkel sagte, doch, das könne man, sein Großvater *habe* ja so geheißen, und es sei die Abkürzung von Betreten Vic, welches die Abkürzung von Betreten Victor sei. Und sein Großvater habe zwei Namen gehabt, für den Fall, daß er mal einen verlöre: Betreten nach einem Onkel und Victor nach Betreten.

»Ich habe auch zwei Namen«, sagte Christopher Robin leichtsinnig.

»Siehst du, das beweist es ja«, sagte Ferkel.

An einem schönen Wintertag, als Ferkel gerade den Schnee vor seiner Wohnung wegfegte, blickte es zufällig von seiner Arbeit auf, und da war Winnie-der-Pu. Pu ging immer im Kreis herum und dachte an etwas anderes, und als Ferkel mit ihm reden wollte, ging er einfach weiter.

»Hallo!« sagte Ferkel. »Was machst *du* denn?«

»Ich jage«, sagte Pu.

»Was jagst du denn?«

»Ich spüre etwas auf«, sagte Pu sehr geheimnisvoll.

»Was spürst du denn auf?«, sagte Ferkel und kam näher.

»Genau das frage ich mich auch. Ich frage mich: Was?«

»Und was, glaubst du, wirst du dir antworten?«

»Ich muß warten, bis ich es eingeholt habe«, sagte Winnie-der-Pu. »Da, sieh mal.« Er zeigte auf den Boden vor sich. »Was siehst du da?«

»Spuren«, sagte Ferkel. »Pfotenabdrücke.« Es quiekte leicht vor Aufregung. »Oh, Pu! Glaubst du, es ist ein ... ein ... ein Wuschel?«

»Könnte sein«, sagte Pu. »Manchmal ist es das, und manchmal ist es das nicht. Bei Pfotenabdrücken kann man nie wissen.«

Nach diesen knappen Worten nahm er die Spurensuche wieder auf, und Ferkel rannte ihm, nachdem es ihn ein bis zwei Minuten lang beobachtet hatte, nach. Winnie-der-Pu war plötzlich stehengeblieben und beugte sich verblüfft über die Spuren.

»Was ist los?« fragte Ferkel.

»Es ist sehr merkwürdig«, sagte Bär, »aber es scheinen plötzlich *zwei* Tiere zu sein. Diesem – egal, was es war – scheint sich ein weiteres – egal, was es ist – angeschlossen zu haben, und die beiden setzen nun gemeinsam ihren Weg fort. Würde es dir etwas ausmachen, mich zu begleiten, Ferkel, falls sie sich als feindselige Tiere erweisen sollten?«

Ferkel kratzte sich sehr anmutig am Ohr und sagte, bis nächsten Freitag habe es nichts vor, und es würde ihn mit Vergnügen begleiten, falls es tatsächlich ein Wuschel *war*.

»Du meinst, falls es tatsächlich zwei Wuschel sind«, sagte Winnie-der-Pu, und Ferkel sagte, bis nächsten Freitag habe es jedenfalls nichts vor. So gingen sie zusammen los.

Genau dort befand sich ein kleines Dickicht aus Lärchenbäumen, und es schien, als wären die beiden Wuschel, falls es welche waren, um dieses Dickicht herumgegangen; also folgten ihnen Pu und Ferkel um dieses Dickicht herum; Ferkel vertrieb sich die Zeit, indem es Pu erzählte, was sein Großvater Betreten V gegen Steifheit in den Gliedern nach der Spurensuche unternommen hatte und wie sein Großvater Betreten V in seinen späteren Jahren an Kurzatmigkeit gelitten habe, sowie anderes Interessantes, und Pu fragte sich, wie ein Großvater wohl aussehen mochte und ob sie vielleicht gerade zwei Großvätern auf der Spur waren und ob er, falls es so war, einen davon mit nach Hause nehmen und behalten durfte, und was Christopher Robin dazu sagen würde. Und immer noch liefen die Spuren vor ihnen her ...

Plötzlich blieb Winnie-der-Pu stehen und zeigte aufgeregt nach vorn. »*Kuck mal!*«

»*Was?*« sagte Ferkel und sprang in die Luft. Und dann, um zu zeigen, daß es keine Angst gehabt hatte, sprang es noch ein paarmal in die Luft, und das sah aus wie Turnübungen.

»Die Spuren!« sagte Pu. »*Ein drittes Tier hat sich den beiden anderen angeschlossen!*«

»Pu!« schrie Ferkel. »Glaubst du, es ist ein weiteres Wuschel?«

»Nein«, sagte Pu, »denn es hinterließ andere Spuren. Es sind entweder zwei Wuschel und ein, falls es das ist, Wischel oder zwei, falls sie das sind, Wischel und ein, falls es das ist, Wuschel. Wir wollen ihnen weiter folgen.«

So gingen sie weiter, nur waren sie jetzt ein wenig besorgt, es könnte ja sein, daß die drei Tiere vor ihnen feindselige Absichten hegten. Und Ferkel wünschte sich, sein Großvater B. V. wäre hier anstatt woanders, und Pu dachte, wie schön es doch wäre, wenn sie jetzt plötzlich und ganz zufällig Christopher Robin träfen, und zwar nur, weil er Christopher Robin so gern hatte. Und dann, ganz plötzlich, blieb Winnie-der-Pu wieder stehen und leckte sich die Nasenspitze, denn ihm war so heiß, und er war so besorgt wie noch nie in seinem Leben. *Da waren vier Tiere vor ihnen!*

»Siehst du das, Ferkel? Sieh dir ihre Spuren an! Drei, falls sie welche sind, Wuschel und ein, falls es eins ist, Wischel. *Ein weiteres Wuschel ist dazugekommen!*«

Genauso schien es zu sein. Dort waren die Spuren; hier liefen sie übereinander, dort vermengten sie sich; aber ganz deutlich sah man sie hier und da: die Spuren von vier Pfotenpaaren.

»Ich *glaube*«, sagte Ferkel, nachdem es sich ebenfalls die Nase geleckt und gefunden hatte, daß dies wenig Trost brachte, »ich *glaube,* mir ist gerade etwas eingefallen. Mir ist gerade etwas eingefallen, was ich gestern zu tun vergessen habe und was ich morgen nicht tun kann. Deshalb finde ich, ich sollte wirklich nach Hause gehen und es jetzt tun.«

»Wir werden es heute nachmittag tun, und dann komme ich mit«, sagte Pu.

»Es ist nichts, was man nachmittags tun kann«, sagte Ferkel schnell. »Es ist eine ganz spezielle Morgensache, die morgens getan werden muß, und zwar, wenn möglich, zwischen ... Was würdest du sagen, Pu, wie spät ist es jetzt?«

»Etwa zwölf«, sagte Winnie-der-Pu und sah nach der Sonne.

»Zwischen, wie ich schon sagte, zwölf und fünf nach zwölf. Also, wirklich, liebster, bester Pu, wenn du mich einstweilen entschuldigst ... *Was ist das?*«

Pu sah in den Himmel hinauf, und dann, als er den Pfiff noch einmal hörte, in die Äste einer hohen Eiche, und dann sah er einen Freund.

»Es ist Christopher Robin«, sagte er.

»Dann brauche ich mir ja keine Sorgen mehr um dich zu

machen«, sagte Ferkel. »Mit *ihm* kann dir nichts passieren. Lebe wohl«, und es trabte so schnell wie möglich nach Hause, sehr froh darüber, aller Gefahr entronnen zu sein.

Christopher Robin kam langsam von seinem Baum herunter. »Dummer alter Bär«, sagte er, »was hast du denn gemacht? Zuerst bist du zweimal allein um das Dickicht herumgegangen, dann ist dir Ferkel nachgelaufen, und ihr seid zusammen um das Dickicht gegangen, und dann, als ihr gerade zum viertenmal . . .«

»Warte mal«, sagte Pu und hielt eine Pfote hoch.

Er setzte sich hin und dachte, und zwar so nachdenklich, wie er nur denken konnte. Dann stellte er seine Hinterpfote in einen der Pfotenabdrücke . . . Und dann kratzte er sich zweimal an der Nase und stand auf.

»Ja«, sagte Winnie-der-Pu.

»Jetzt verstehe ich«, sagte Winnie-der-Pu.

»Ich war ein verblendeter Narr«, sagte er, »und ich bin ein Bär ohne jeden Verstand.«

»Du bist der beste Bär der ganzen Welt«, sagte Christopher Robin beruhigend.

»Stimmt das?« sagte Pu voller Hoffnung. Und dann erhellte sich plötzlich seine Miene.

»Auf jeden Fall«, sagte er, »ist es schon fast Zeit zum Mittagessen.« Deshalb ging er nach Hause.

Gotthold Ephraim Lessing
Der Tanzbär

Ein Tanzbär war der Kett' entrissen,
Kam wieder in den Wald zurück,
Und tanzte seiner Schar ein Meisterstück
Auf den gewohnten Hinterfüßen.
»Seht«, schrie er, »das ist Kunst; das lernt man in der Welt.
Tut mir es nach, wenn's euch gefällt,
Und wenn ihr könnt!« Geh, brummt ein alter Bär,
Dergleichen Kunst, sie sei so schwer,
Sie sei so rar sie sei,
Zeigt deinen niedern Geist und deine Sklaverei.

Ein großer Hofmann sein,
Ein Mann, dem Schmeichelei und List
Statt Witz und Tugend ist;
Der durch Kabalen steigt, des Fürsten Gunst erstiehlt,
Mit Wort und Schwur als Komplimenten spielt,
Ein solcher Mann, ein großer Hofmann sein,
Schließt das Lob oder Tadel ein?

Gottfried August Bürger
Münchhausen

Achtes Seeabenteuer

Ohne Zweifel haben Sie von der letzten nördlichen Entdeckungsreise des Kapitän Phipps – gegenwärtigen Lord Mulgrave – gehört. Ich begleitete den Kapitän; – nicht als Offizier, sondern als Freund. – Da wir unter einen ziemlich hohen Grad nördlicher Breite gekommen waren, nahm ich mein Teleskop, mit dem ich Sie bei der Geschichte meiner Reise nach Gibraltar schon bekannt gemacht habe, und betrachtete die Gegenstände, die ich nun um mich hatte. – Denn, im Vorbeigehen gesagt, ich halte es immer für gut, sich von Zeit zu Zeit einmal umzusehen, vorzüglich auf Reisen. – Ungefähr eine halbe Meile von uns schwamm ein Eisgebirge, das weit höher als unsere Maste war, und auf demselben sah ich zwei weiße Bären, die meiner Meinung nach in einem hitzigen Zweikampfe begriffen waren. Ich hing sogleich mein Gewehr um und machte mich zu dem Eise hin, fand aber, als ich erst auf den Gipfel desselben gekommen war, einen unaussprechlich mühsamen und gefahrvollen Weg. Oft mußte ich über schreckliche Abgründe springen; und an andern Stellen war die Oberfläche so glatt wie ein Spiegel, so daß meine Bewegung ein ständiges Fallen und Aufstehen war. Doch endlich kam ich so weit, daß ich die Bären erreichen konnte, und zugleich sah ich auch, daß sie nicht miteinander kämpften, sondern nur spielten. Ich überrechnete schon den Wert ihrer Felle – denn jeder war wenigstens so groß als ein gut gemästeter Ochse –; allein indem ich eben mein Gewehr anlegen wollte, glitschte ich mit dem rechten Fuße aus, fiel rückwärts nieder und verlor durch die Heftigkeit des Schlages, den ich tat, auf eine kleine halbe Stunde alles Bewußtsein. Stellen Sie sich mein Erstaunen vor, als ich erwachte und fand, daß eines von den ebengenannten Ungeheuern mich herum auf mein Gesicht gedrehet hatte und gerade den Bund meiner neuen ledernen Hose packte. Der obere Teil meines Leibes steckte unter seinem Bauche, und meine Beine standen voraus. Gott weiß, wohin mich die Bestie geschleppt hätte; aber ich kriegte mein Taschenmesser heraus – dasselbe, was Sie hier sehen –, hackte in seinen linken Hinterfuß und schnitt ihm drei von seinen Zehen ab. Nun ließ er mich sogleich fallen und brüllte fürchterlich. Ich nahm mein Gewehr auf, feuerte auf ihn, sowie er weglief, und plötzlich fiel er nieder. Mein Schuß hatte nun zwar eines von diesen blutdürstigen Tieren auf ewig eingeschläfert, aber mehrere Tausende, die in dem Umkreis von einer halben Meile auf dem Eise lagen und schliefen, aufgeweckt. Alle miteinander kamen spornstreichs angelaufen. Zeit war nicht zu verlieren. Ich aber war verloren, oder ein schneller Einfall mußte mich retten. – Er kam. – Etwa in der Hälfte der Zeit, die ein geübter Jäger braucht, um einem Hasen den Balg abzustreifen, zog ich dem toten Bären seinen Rock aus, wickelte mich darein und steckte meinen Kopf gerade unter den seinigen. Kaum war ich fertig, so versammelte sich die ganze Herde um mich herum. Mir wurde heiß und kalt unter meinem Pelze. Indes meine List gelang mir vortrefflich. Sie kamen, einer nach dem andern, berochen mich und hielten mich augenscheinlich für einen Bruder Petz. Es fehlte mir auch nichts als die Größe, um ihnen vollkommen gleich zu sehen; und verschiedene Junge unter ihnen waren nicht viel größer als ich. Als sie alle mich und den Leichnam ihres verschiedenen Gefährten berochen hatten, schienen wir sehr gesellig zu werden; auch konnte ich alle ihre Handlungen so ziemlich nachmachen; nur im Brummen, Brüllen und Balgen waren sie meine Meister. Sosehr ich aber wie ein Bär aussah, so war ich doch noch Mensch: – ich fing an zu überlegen, wie ich die Vertraulichkeit, die zwischen mir und diesen Tieren sich erzeugt hatte, wohl auf das vorteilhafteste nützen könnte.

Ich hatte ehedem von einem alten Feldscher gehört, daß eine Wunde im Rückgrat augenblicklich tödlich sei. Hierüber beschloß ich nun einen Versuch anzustellen. Ich nahm mein Messer wieder zur Hand und stieß es dem größten Bären nahe bei den Schultern in den Nacken. Allerdings war dies ein sehr gewagter Streich, und es war mir auch nicht wenig bange. Denn das war ausgemacht:

überlebte die Bestie den Stoß, so war ich in Stücken zerrissen. Allein mein Versuch gelang glücklich; der Bär fiel tot zu meinen Füßen nieder, ohne einmal zu mucksen. Nun nahm ich mir vor, allen übrigen auf ebendie Art den Rest zu geben, und dies wurde mir auch gar nicht schwer; denn ob sie gleich ihre Brüder zur Rechten und zur Linken fallen sahen, so hatten sie doch kein Arg daraus. Sie dachten weder an die Ursache noch an die Wirkung des Niedersinkens; und das war ein Glück für sie und für mich. – Als ich sie alle tot vor mir liegen sah, kam ich mir vor wie Simson, als er die Tausende geschlagen hatte.

Die Sache kurz zu machen, ich ging nach dem Schiffe zurück und bat mir drei Teile des Volkes aus, die mir helfen mußten, die Felle abzustreifen und die Schinken an Bord zu tragen. Wir waren in wenigen Stunden damit fertig und beluden das ganze Schiff damit. Was übrigblieb, wurde in das Wasser geworfen, ungeachtet ich nicht zweifele, daß es, gehörig eingesalzen, ebenso gut schmecken würde als die Keulen.

Sobald wir zurückkamen, schickte ich einige Schinken im Namen des Kapitäns an die Lords von der Admiralität, andere an die Lords von der Schatzkammer, etliche an den Lordmayor und den Stadtrat von London, einige wenige an die Handlungsgesellschaften und die übrigen an meine besondern Freunde. Von allen Orten bezeugte man mir den wärmsten Dank; die City aber erwiderte mein Geschenk auf eine sehr nachdrückliche Art, nämlich durch eine Einladung, jährlich an dem Wahltage des Lordmayor auf dem Rathause zu speisen.

Die Bärenfelle schickte ich an die Kaiserin von Rußland als Winterpelze für Ihre Majestät und ihren Hof. Sie dankte mir dafür in einem eigenhändigen Briefe, den sie mir durch einen außerordentlichen Gesandten überschickte und worin sie mir anbot, mit ihr die Ehre ihres

Bettes und ihrer Krone zu teilen. Allein da michs eben nie sehr nach königlicher Würde gelüstet hat, so lehnte ich Ihrer Majestät Gnade in den feinsten Ausdrücken ab. Ebenderselbe Ambassadeur, der mir das kaiserliche Schreiben brachte, hatte auch den Auftrag, zu warten und Ihrer Majestät meine Antwort persönlich zurückzubringen. Ein zweiter Brief, den ich bald nachher von der Kaiserin erhielt, überzeugte mich von der Stärke ihrer Leidenschaft und der Erhabenheit ihres Geistes. – Ihre letzte Krankheit kam, wie sie – die zärtliche Seele! – sich in einer Unterredung mit dem Fürsten Dolgorucki zu erklären geruhte – allein von meiner Grausamkeit her. Ich weiß nicht, was die Damen an mir finden; aber die Kaiserin ist nicht die einzige ihres Geschlechtes, die mir vom Throne ihre Hand anbot.

Einige Leute haben die Verleumdung ausgestreuet, Kapitän Phipps sei auf seiner Reise nicht so weit gegangen, als er wohl hätte tun können. Allein hier ist es meine Schuldigkeit, ihn zu verteidigen. Unser Schiff war auf einem recht guten Wege, bis ich es mit einer solchen ungeheuren Menge von Bärenfellen und Schinken belud, daß es Tollheit gewesen sein würde, einen Versuch zu machen weiter zu gehen, da wir nun kaum imstande waren, nur gegen einen etwas frischen Wind zu segeln, geschweige gegen jene Gebirge von Eis, die in den höheren Breiten liegen.

Der Kapitän hat seitdem oft erklärt, wie unzufrieden er sei, daß er keinen Anteil an dem Ruhme dieses Tages habe, den er sehr emphatisch den Bärenfelltag nennt. Dabei beneidet er mich nicht wenig wegen der Ehre dieses Sieges und sucht auf alle Art und Weise dieselbe zu schmälern. Wir haben uns schon öfter hierüber gezankt und sind auch jetzt noch über den Fuß gespannt. Unter andern behauptet er geradezu, ich dürfe mir das nicht zum Verdienst anrechnen, daß ich die Bären betrogen habe, da ich mit einem ihrer Felle bedeckt gewesen sei; er hätte ohne Maske unter sie gehen wollen, und sie hätten ihn doch für einen Bären halten sollen.

Dies ist nun freilich ein Punkt, den ich für allzu zart und spitz halte, als daß ein Mann, der auf gefällige Sitten Anspruch macht, mit jemand, am allerwenigsten mit einem edlen Pair darüber streiten darf.

Jean de La Fontaine
Der Bär und der Gartenliebhaber

Ein Höhlenbär, ein Bär auf halbe Kost zuletzt,
hatte sich im einsamen Wald zur Ruhe gesetzt;
als neuer Bellerophon lebte er, dort versteckt allein.
Er wurde ein Narr: die gesunde Vernunft
bleibt selten lang in der Sonderlingszunft.
Gut ists, zu reden; besser, schweigsam zu sein;
übertrieben ist beides dumm.
Kein Tier streifte an den Orten herum,
wo sich aufhielt der Bär,
so daß ihm, bärbeißig wie er war, von ungefähr
das öde Leben zu langweilen begann;
während er immer schwermütiger ward,
langweilt sich unweit von ihm ein alter Mann
auf andre Art:
als Priester der Flora und der werten
Pomona liebte er Gärten.
Beide Ämter sind schön; mir aber scheint,
viel besser ist ein besonnener Freund.
Gärten sprechen wenig, es sei denn in meinem Buche:
so daß eines Morgens der Mann, des Lebens verdrossen
mit stummen Leuten, entschlossen

über Land ging auf Gesellschaftssuche.
In gleicher Absicht verließ seinen Wald
der Bär alsbald.
Beide erstaunlicherweise
begegnen sich in einer Schneise.
Der Mann hatte Angst: wie entschlüpfen, was tun?
Sich aus der Klemme ziehn, gascognisch-gescheit,
war wohl das beste: die Furcht war zerstreut.
Der Bär, ein schlechter Schmeichler, brummte nun:
Ich komm zu Besuch! Der andre drauf: O Herr,
seht meine Hütte dort, gebt mir die Ehr
und nehmt vorlieb mit einem ländlichen Gericht;
ich habe Früchte und Milch: das ist zwar nicht,
was unsre Herren Bären pflegen zu essen,
doch geb ich, was ich hab. Der Bär nimmt an. Indessen,
beim Gehn ist man stets besser Freund als beim Kommen,
sich zu vertragen haben beide sich vorgenommen;
viel lieber freilich, so scheint es zu sein,
als mit Narren zusammen ist jeder allein,
und weil der Bär tagsüber nicht mehr als zwei Worte
 sprach,
ging unser Mann still seiner Gartenarbeit nach.
Der Bär macht Jagd, erlegte Beute,
tat sein Hauptgeschäft, gestern wie heute;
als guter Wedel, scheuchend vom Gesichte
des schlafenden Freunds die geflügelten Wichte,
die wir Fliegen haben benannt.
Einst, als der Alte lag in tiefen Schlaf gebannt,
spazierte auf seiner Nasenspitze eine rührige herum.
Der Bär war verzweifelt; er sprach: Zu dumm,
doch warte, ich kriege dich und gucke, wie!
Gesagt, getan: es packte der treue Fliegenwedel
einen Pflasterstein und warf ihn – hui –,
die Fliege tötend, dem Mann auf den Schädel;

ein guter Schütze, doch ein schlechter Denker,
ward er dem Schläfer jäh zum Henker.
Gefährlich ist ein dummer Freund;
besser schon ein weiser Feind.

Iwan Krylow
Der arbeitliebende Bär

Ein Bär sah, daß ein Bauer
Krummhölzer machte und sehr gut verschliß.
Zwar braucht man Zeit dazu und Ausdauer.
›Doch‹, denkt der Bär, ›ich mach' es auch gewiß.‹
Da gibt's im Wald ein Krachen und ein Knistern,
man hört den Lärm werstweit:
Freund Petz bricht zahllos Nußholz, Birken, Rüstern.
Doch o das Leid!
Das Handwerk will sich nimmer schicken.
Er geht den Bauer an mit bravem Bücken
und fragt: »Woran mag's liegen?
Zwar brech' ich Bäume ohne Zahl,
doch keinen kann ich biegen.
Hilf, Nachbar, mir doch aus der Qual.
Wo liegt die Schuld?«
Der Nachbar spricht:
»Darin, daß dir gebricht
Geduld.«

Ambrose Bierce
Der Bär im Lasso

Ein Jäger, der mit dem Lasso einen Bären gefangen hatte, versuchte sich von dem Seil zu befreien, aber der Ziehknoten um sein Handgelenk wollte sich nicht lösen, weil der Bär die ganze Zeit mit seinen Tatzen am Seilende zerrte. Wie der Jäger sich mühte, sah er einen Schausteller vorbeiziehen, und es gelang ihm, dessen Aufmerksamkeit zu erwecken.

»Was geben Sie mir«, sprach er, »für meinen Bären?«

»Es werden noch fünf bis zehn Minuten vergehen«, sagte der Schausteller, »bis ich einen Bären brauche, und mir scheint, daß die Preise bis dahin fallen. Ich glaube, ich werde noch etwas warten und den Markt beobachten.«

»Der Preis dieses Tieres«, antwortete der Jäger, »ist schon im Keller; bei Barzahlung können Sie ihn für einen Cent pro Pfund haben, und ich gebe den nächsten, den ich fange, noch dazu. Aber der Käufer muß die Ware unverzüglich vom Grundstück entfernen, um Platz für drei menschenfressende Tiger, einen katzenköpfigen Gorilla und einen Armvoll Klapperschlangen zu machen.«

Aber der Schausteller ging sorgenfrei und in unschuldige Gedanken versunken seines Wegs, und da sich kurz darauf der geistesabwesend in den Zähnen stochernde Bär zu ihm gesellte, lag der Schluß nahe, daß sie einander nicht unbekannt waren.

Ovid
Kallisto

Jupiter, als er die Erd' umwanderte, müde des Äthers,
Sah in Arkadias Fluten der nonakrinischen Jungfrau'n
Holdeste; und es entbrannte sein Herz von feuriger Sehnsucht.
Nicht war jener Geschäft, die gekrempelte Wolle zu feinern,
Noch durch Tracht zu verändern das Haar. Wann die Spange das Kleid ihr,
Und ein schneeiges Band nachlässige Locken gefesselt,
Nahm sie bald den schnellenden Spieß, bald Bogen und Köcher,
Als Trabantin der Phöbe: so wert war keine der Göttin
Je auf des Mänalus Höhn. Doch alles Glück ist vergänglich!
Über den Mittagsraum war schon das Sonnengespann hin,
Als sie die Waldung betrat, wo niemals Äxte gehauen.
Und sie entspannte den Bogen und hub von der Achsel den Köcher,
Legte sich dann auf den Boden, mit weichem Grase gepolstert;
Und den gemaleten Köcher bedeckt ihr ruhender Nacken.
Jupiter, da er so müde sie sah, und ohne Bewachung:
Diesmal, sprach er, entdeckt doch den Gang nicht meine Gemahlin;
Oder erspäht sie ihn auch, oh, so gilt ihr Keifen mir so viel!
Plötzlich umhüllet den Gott die Gestalt und der Schmuck der Diana:
Jungfrau, redet er an, du Begleiterin meines Gefolges,

Welcherlei Höh'n durchjagtest du heut? Da erhebt sich die Jungfrau
Schnell vom Rasen, und sagt: Heil, Herrscherin, höher geschätzt mir,
Wenn er auch selber es hört, als Jupiter! Lächelnd vernimmt er's,
Froh, daß er selbst vorgehe sich selbst; und er füget ihr Küsse,
Nicht in gehörigem Maße, noch so zu geben von Jungfrau'n.
Arglos will sie erzählen, in welchem Gehölz sie gejaget;
Aber es hemmt sie Gewalt: und siegreich kehrt zu dem Äther
Jupiter. Ihr ist verhaßt das Gebüsch, und die kundige Waldung.
Als sie den Fuß wegwandte, vergaß sie beinah zu erheben
Köcher und Pfeil', und zu nehmen den aufgehangenen Bogen.
Siehe, da kommt Diktynna, vom hüpfenden Chore begleitet
Über den Mänalus her, und stolz des erlegeten Wildes,
Schauet sie jen', und ruft; doch es stutzt die gerufne Kallisto;
Und sie befürchtet zuerst, daß Jupiter sei in der Göttin.
Aber nachdem sie zugleich die wandelnden Nymphen gesehen,
Traut sie, entfernt sei Betrug, und die Zahl der übrigen mehrt sie.
Ach, wie schwer, ein Gebrechen im Antlitz nicht zu verraten!
Kaum nun hebt sie die Augen empor; nicht, wie sie gewohnt war,

Geht sie der Göttin zur Seit', und immer voran in dem Schwarme.
Nein, sie verstummt, und deutet beleidigte Zucht mit Errötung.
Wenn sie nicht Jungfrau war, an mancherlei Zeichen bemerkte
Leicht Diana die Schuld; man sagt, es bemerkten die Nymphlein.
  Aber sogleich vernahm es des Donnerers hohe Gemahlin;
Nur auf gelegene Zeit verschob sie die schreckliche Ahndung.
Nun ist geschwunden die Frist; denn schon ward Arkas (auch dieses
Kränkt der Juno das Herz) von der Nebengattin geboren.
Als sie auf jenen den Blick voll grausamen Mutes gewendet.
  Ha! dies fehlete nur, du Ehebrecherin, rief sie,
Daß du auch fruchtbar wärst, daß öffentlich würde die Kränkung
Durch die Geburt, und meines Gemahls Unehre bescheinigt!
Nicht ungestraft sei solches! Ich nehme dir jene Gestalt ab,
Welche dir selber behagt und, Trotzerin! unserem Gatten!
  Juno sprach's, und ergriff an der Stirn ihr die Locken, und warf sie
Vorwärts hin auf die Erde. Sie hob demütig die Arme.
Doch es begannen die Arme von dunkelen Zotten zu starren;
Krumm auch wurden die Händ', und wuchsen in klauige Tatzen,
Und sie versahn der Füße Geschäft; und das reizende Antlitz,

Selbst für Jupiter, ward vom entsetzlichen Maule geschändet.
Und daß ihr grausames Herz nicht bittende Worte bewegen,
Nimmt sie ihr reden zu können: ein Ton voll Zornes und Unmuts,
Rauher Drohungen voll, erschallt aus der brummenden Kehle.
Ihren Schmerz anzeigend mit unaufhörlichem Jammern,
Hebt sie, was Händ' ihr sind, zum Himmel empor und Gestirne;
Undankbar nicht kann sie den Jupiter nennen, sie denkt ihn.
Ach, wie oft nicht wagend im einsamen Wald zu ruhen,
Naht sie dem Haus, und irrt in den vormals eigenen Äckern!
Ach, wie oft durch Felsen verfolgen sie bellende Hunde!
Sie, einst Jägerin, flieht vor den Jagenden jetzo erschrocken.
Oft vor gesehenem Wilde versteckt sie sich, ihrer vergessend;
Und die Bärin erstarrt, wenn ein Bär im Gebirge sich zeiget.
Bang' auch meidet sie Wölf', obgleich ihr Vater ein Wolf ist.
Siehe, der Sohn, unkundig der lykaonischen Mutter,
Arkas erscheint, da beinah er fünfzehn Jahre vollendet.
Während das Wild er verfolgt, und ein Tal auswählet zum Anstand,
Und mit geknotetem Garn erymantische Wälder umzingelt,
Wird er der Mutter gewahr. Und sobald sie schauet den Arkas,
Stehet sie still, und gleicht der erkennenden. Jener entfliehet;

Und weil ihn unbeweglich mit starrenden Augen sie anblickt,
Fühlt unwissend er Angst; und da näher zu gehen sie begehret,
Wollt' er ihr eben die Brust mit verwundendem Pfeile durchbohren.
Doch der Allmächtige hemmt; und zugleich sie selbst und die Untat
Rückt er hinweg; und im Sturm durch luftige Leere sie schwingend,
Stellt er sie dort an den Himmel, als Nachbarsterne zu funkeln.
Juno schwoll, da im Kreise der himmlischen Sterne das Kebsweib
Leuchtete. Rasch zu dem Vater Ozeanus, und zu der grauen
Tethys fuhr sie ins Meer, die oft die Götter mit Ehrfurcht
Rühreten. Jetzo gefragt um des Wegs Ursache, begann sie:
Forscht ihr, warum ich herab vom ätherischen Sitze, der Götter
Königin, kam? Statt meiner beherrscht ein' andre den Himmel!
Lügnerin heiß' ich, wo nicht, wann die Nacht das Gewölbe verdunkelt,
Ihr am erhabenen Himmel die jüngst verherrlichten Sterne,
Meine Kränkung, erblickt, dort wo die äußerste Kreisung
Dicht am Rande des Pols im kürzesten Raume sich umdreht.
Was ist noch, warum man die Juno fürchte zu kränken,
Und der Beleidigten zittre; da ich nur fromme durch Schaden.
Traun, was ich alles vollbracht! wie grenzlos unsre Gewalt ist!

Menschheit legte sie ab; und Gottheit nahm sie! So furchtbar
Weiß ich Verbrecher zu strafen! So groß ist die Macht, die mir beiwohnt!
Stell' er denn her ihr altes Gesicht, und die Bildung des Raubtiers
Schaff' er hinweg, wie er einst an des Inachus Tochter getan hat!
Warum freit er sie nicht, und räumt, die Juno verstoßend,
Ihr mein Ehegemach, und nimmt zum Schwäher Lykaon?
Auf denn, wofern euch das Herz die verachtete Zöglingin rühret,
Wehrt dies blaue Gestrudel dem siebenfältigen Nordstern;
Und, die um Buhlerlohn, als Gestirn, an den Himmel erhöht sind,
Scheuchet sie: daß nicht bad' in der lauteren Woge das Kebsweib!
Jene gewährten den Wunsch; und empor im bequemen Geschirre
Lenkt durch heitere Luft Saturnia farbige Pfauen.

Ingeborg Bachmann
Anrufung des Großen Bären

Großer Bär, komm herab, zottige Nacht,
Wolkenpelztier mit den alten Augen,
Sternenaugen,
durch das Dickicht brechen schimmernd
deine Pfoten mit den Krallen,
Sternenkrallen,
wachsam halten wir die Herden,
doch gebannt von dir, und mißtrauen

deinen müden Flanken und den scharfen
halbentblößten Zähnen,
alter Bär.

Ein Zapfen: eure Welt.
Ihr: die Schuppen dran.
Ich treib sie, roll sie
von den Tannen im Anfang
zu den Tannen am Ende,
schnaub sie an, prüf sie im Maul
und pack zu mit den Tatzen.

Fürchtet euch oder fürchtet euch nicht!
Zahlt in den Klingelbeutel und gebt
dem blinden Mann ein gutes Wort,
daß er den Bären an der Leine hält.
Und würzt die Lämmer gut.
'S könnt sein, daß dieser Bär
sich losreißt, nicht mehr droht
und alle Zapfen jagt, die von den Tannen
gefallen sind, den großen, geflügelten,
die aus dem Paradiese stürzten.

Lettisches Volksmärchen
Der Bär als Schwiegersohn

Es war einmal ein recht alter Mann. Es ging ihm ganz gut, nur war seine Frau gestorben, und nun lebte er allein mit seiner einzigen Tochter. In der Nähe hatte er auch keine Angehörigen, aber irgendwo weiter weg lebten noch einige seiner Verwandten.

Eines Tages kam es ihm in den Sinn, sie zu besuchen, und er teilte das seiner Tochter mit. Nun blieb sie mutterseelenallein im Hause, während er zu den Verwandten fuhr. Er fuhr und fuhr und kam durch furchtbar große Wälder. Früher waren ja alle Wälder viel größer als heute, und Wege gab es damals auch kaum. Zunächst verirrte er sich zwar, aber schließlich kam er doch noch ans Ziel. Die Verwandten waren wohlauf, und es ging ihnen gut. Er hielt sich eine Weile bei ihnen auf und fuhr dann wieder nach Hause.

Aber während er heimwärts fuhr, wurde es in einem großen Wald plötzlich Nacht, und er verirrte sich. Er irrte und irrte umher und landete in einem so dicken Gestrüpp, daß er überhaupt nicht mehr aus noch ein wußte.

Auf einmal erblickte er einen hellen Feuerschein. Nun fuhr er in diese Richtung und dachte, daß dort ein Haus sein müsse. Als er sich dem Licht immer mehr näherte, erblickte er ein schönes Schloß. Anfangs fürchtete er sich allerdings, ins Schloß zu gehen, denn er dachte, daß man ihn als einfachen Bauern dort gar nicht hereinlassen werde, aber dann überlegte er sich, daß er im nächtlichen Dunkel sowieso nicht weiterkomme, und so ging er einfach hinein.

Nachdem er das Schloß betreten hatte, ging er von Zimmer zu Zimmer, aber er konnte keinen Menschen entdekken.

Plötzlich stand vor ihm ein Bär, weiß der Teufel, woher er gekommen war, und fragte nach seinem Begehr. Anfangs erschrak der Mann und dachte, daß sein letztes Stündlein geschlagen habe und der Bär sich gleich auf ihn stürzen werde. Aber der Bär dachte gar nicht daran und fragte ihn nur, was er wolle, und versprach ihm zu helfen, wenn er's vermöge.

Der Mann erzählte ihm, daß er von seinen Verwandten komme und sich im Wald verirrt habe. Da es Nacht ist, weiß er nicht, in welche Richtung er zu fahren hat. Und er fragte den Bären, ob er ihm nicht sagen wolle, wo er hier übernachten könne. Der Bär erwiderte, daß er getrost im Schloß bleiben solle, da hier außer ihm niemand sei. Nun merkte der Mann, daß der Bär gar nicht so böse ist, und so blieb er bei ihm.

Der Bär setzte ihm ein Abendbrot vor und aß auch mit. Das alles machte er genauso wie ein Mensch, und der Mann staunte nur.

Nach dem Abendessen legten sie sich schlafen. Der Bär schlief im Bett wie ein Mensch. Nun begriff der Mann überhaupt nicht, was das für ein sonderbarer Bär ist, der allein im Schloß wohnt und alles wie ein Mensch macht.

Am Morgen setzte der Bär dem Mann das Frühstück vor und fragte ihn, was er jetzt zu tun gedenke. Er antwortete, daß er nach Hause fahren wolle. Der Bär sagte, daß er das nur tun solle.

Der Mann bricht auf und fährt durch große Wälder, aber immerzu findet er sich beim Schloß wieder. Nichts zu machen, es wurde wieder Abend.

Auch diesmal bat er den Bären um eine Bleibe zur Nacht. Der Bär gewährte sie ihm auch und nahm ihn sehr freundlich auf – er machte alles wie am Abend vorher: Er gab ihm zu essen und zu trinken und auch ein Nachtlager. Er half ihm zudem noch, das Pferd zu versorgen.

Am nächsten Morgen bat der Mann den Bären, ihm den Heimweg zu zeigen. Der Bär erwiderte, daß er das zwar tun könne, aber dafür müsse der Mann ihm seine Tochter zur Frau geben.

Das wollte der Mann durchaus nicht. Zwar dachte er bei sich, daß seine Tochter hier ein gutes Leben hätte, aber wie sollte sie denn die Frau eines Bären sein? Nein, das ist ausgeschlossen. Noch heute wird er aufbrechen und auf gut Glück den Weg zu finden versuchen.

Er fuhr und fuhr, aber kaum ist es Abend, da ist er schon wieder am Schloß angekommen.

Nichts zu machen, er muß auch diesmal den Bären um eine Bleibe für die Nacht bitten. Der Bär empfängt ihn ebenso freundlich wie an den beiden Abenden zuvor – er gibt ihm zu essen und zu trinken und gewährt ihm ein behagliches Nachtlager; auch die Stute versorgt er gut.

Am nächsten Morgen bittet der Mann den Bären noch einmal, ihm den Heimweg zu zeigen. Und der Bär antwortet wie tags zuvor, daß er das tun werde, wenn der Mann ihm seine Tochter zur Frau gebe. Fast hätte der Mann sie ihm auch schon versprochen, aber dann dachte er sich, daß der Bär seiner Tochter nicht gefallen wird, und so versuchte er halt, auf gut Glück nach Hause zu fahren.

Er fuhr und fuhr und war wieder den ganzen Tag unterwegs, aber am Abend war er wieder nirgendwo anders als beim Schloß. Nun sah er ein, daß es für ihn keine andere Rettung gab, als wohl oder übel dem Bären seine Tochter zur Frau zu versprechen.

Jetzt empfing ihn der Bär wie seinen Schwiegervater und war herzensgut zu ihm. Er gab ihm zu essen und zu trinken und gewährte ihm wieder ein gutes Nachtlager; das Pferd versorgte er selbst, so daß der Mann gar nicht erst in den Stall gehen mußte.

Am nächsten Morgen begleitete ihn der Bär ein Stück

und zeigte ihm den Weg, auf dem er bequem nach Hause fahren konnte.

Als er zu Hause ankam, war er sehr niedergeschlagen. Die Tochter merkte gleich, daß mit ihrem Vater etwas nicht stimmte, und sie fragte ihn, was ihm fehle, ob jemand gestorben oder schwer krank sei. Der Mann wollte zuerst durchaus nichts erzählen, aber was blieb ihm übrig? So erzählte er der Tochter, was geschehen war und daß er sie dem Bären zur Frau versprochen hatte. Der Bär, so sagte er, lebt wie ein Mensch und wohnt in einem großen Schloß. Nur ist ein Bär eben ein Bär und kein Mensch. Aber die Tochter war gar nicht traurig. Sie antwortete dem Vater:

»Wenn der Bär dir nichts zuleide getan und dir sogar noch geholfen hat, nach Hause zu gelangen, dann wird er auch mir nichts zuleide tun.«

Eines Tages machten sie sich nun beide auf den Weg zum Bären. Der Bär empfing sie so herzlich, wie man es sich gar nicht vorstellen kann. Der Mann blieb noch einige Tage im Schloß, dann begab er sich nach Hause und ließ den Bären mit seiner Tochter im Schloß zurück. Die beiden lebten dort gut und friedlich miteinander.

Als sie jedoch manchen Tag miteinander verbracht hatten, bemerkte die Tochter, daß der Bär unter seiner Bärenhaut eine Menschenhaut hatte. Nun achtete sie genau darauf, wie er zu Bett ging. Eines Abends blieb sie länger auf und sah durch einen kleinen Türschlitz, daß der Bär beim Schlafengehen seine Bärenhaut auszieht und ein richtiger Mensch ist, nur sein Kopf ist ein Bärenkopf. Jetzt gefiel er der Tochter noch besser, und sie dachte bei sich, daß es gut wäre, irgendwie die Bärenhaut zu beseitigen. Mag der Kopf aussehen wie auch immer, aber sonst würde ihr Mann doch wie ein Mensch aussehen.

Und eines Nachts, während der Bär in süßem Schlummer liegt, geht sie zu ihm hinein, nimmt die Bärenhaut, die er ans Fußende des Bettes gelegt hat, und wirft sie in den Ofen.

Kaum war die Bärenhaut verbrannt, erkrankte der Bär sehr schwer und war dem Tode nahe. Nun begreift sie, was die Ursache dafür ist, und ihr tut der Bär sehr leid, aber sie kann es nicht ungeschehen machen. Der Bär bleibt einen Tag im Bett, und es geht ihm noch schlechter. Er bleibt einen zweiten Tag liegen, und nun geht es ihm so schlecht, daß er fast sterben muß. Die Tochter sitzt an seinem Bett und weint bitterlich. Aber weine nur, soviel du willst, du kannst es nicht ändern. Am dritten Tag konnte er kaum noch atmen, und die Tochter hatte jede Hoffnung auf Genesung aufgegeben, und sie wollte am liebsten auch schon sterben.

Aber nachdem der dritte Tag und auch noch die Nacht vergangen waren, verwandelte sich der Bär am Morgen in einen so schönen Prinzen, daß es eine Freude war, ihn anzuschauen. Nun war die Tochter sehr erstaunt und überglücklich. Sie fiel ihm um den Hals und bat ihn, ihr zu verzeihen, daß sie ihn so gequält hatte. Aber der Prinz wußte wiederum nicht, wie er ihr dafür danken sollte, daß sie ihn gerettet hatte. Er war vom Teufel selbst in einen Bären verzaubert worden und konnte nur erlöst werden, wenn jemand seine Bärenhaut verbrannte. Davon ahnte aber niemand etwas, und so war es der Tochter zum Glück gelungen, ihn zu erlösen. Aber wie dem auch sei, jetzt war er wieder ein Mensch.

Nun feierten sie eine große Hochzeit und luden alle ein, die überhaupt nur zum Schloß kommen konnten. Es mangelte an nichts, und alle aßen und tranken nach Herzenslust.

Als der Vater der Tochter zur Hochzeit eintraf, sperrte er vor Staunen die Augen weit auf, als er anstelle des Bären einen so schönen Prinzen sah. Nun fuhr er nicht mehr nach Hause zurück, sondern blieb im Schloß.

Bestimmt leben sie alle auch heute noch, aber wer weiß schon, in welchem Wald sich dieses Schloß befindet?

James Krüss
Der Eisbär und die Königin

Ein Eisbär, der noch gute Zähne hatte
(Er war auch sonst noch sehr gesund und stark),
Legte sich selbst ganz freiwillig als Matte
Vors Bett der Königin von Dänemark.

Die Königin fand daran kein Gefallen,
Denn schließlich lebte dieser Teppich ja.
(Vielleicht war er empfindlich an den Krallen.
Trat man darauf, wer wusste, was geschah?)

Doch wagte sie den Bär nicht zu entfernen,
Teils war es Furcht, teils war es Pietät.
So musste sie beim Hofturnlehrer lernen,
Wie man im Hechtsprung nachts zu Bette geht.

Sie sprang zwölf Nächte lang ins Bett, die Arme.
Jedoch von Schlaf konnt keine Rede sein;
Denn Bären schnarchen leider zum Erbarmen.
Und wenn sie da war, schlief der Eisbär ein.

Die Königin war bald ein Nervenbündel.
Der König sah es mit Besorgnis an.
Sie litt an Kopfweh, Magenweh und Schwindel.
Da sprach der König als entschlossner Mann:

»Der Eisbär meint es gut, ganz ohne Frage.
Doch was daraus entsteht, ist wenig nett.
Drum, liebste Königin, hör, was ich sage:
Von dieser Nacht an tauschen wir das Bett!«

Die Königin ließ ihren Mann gewähren.
Zum Hechtsprung fehlte ihr auch schon die Kraft.
(Sie fiele schließlich bäuchlings auf den Bären,
Hätt sie den Hechtsprung einmal nicht geschafft.)

So stieg der König, als es Schlafenszeit war,
Im Nachtgewande, proper und adrett,
Und als auch seine Königin so weit war,
Erst auf den Bären und sodann ins Bett.

Doch rief der Bär: »So hab ich nicht gewettet.
Ich lieg hier für die Königin allein!«
Dann rief er noch: »Man schläft, wie man sich bettet!«,
Und biss den König in das linke Bein.

Die Königin schrie auf, der König schellte,
Der Hofarzt kam samt Hofveterinär,
Und mit dem Hofhund, der entsetzlich bellte,
Kam der Hofjäger mit dem Hofgewehr.

Man hat das Bein betupft und dann verbunden.
Man gab dem König eine Injektion.
Und nur der Bär lag, wie seit vielen Stunden,
Still vor dem Bett und schlief und schnarchte schon.

Da sprach der König, resigniert und weise,
Zu seiner ganz verstörten Königin:
»Er sagt, dir tut er nichts. Betritt ihn leise
Und leg ins eigne Bett dich wieder hin.«

Die arme Königin bestieg mit Zaudern
Zuerst den Bären und sodann das Bett.
Doch wie sich zeigte, war kein Grund zum Schaudern.
Der Eisbär grunzte nur. Er fand das nett.

Er hat sogar das Schnarchen unterlassen,
Sodass die Königin sich nie mehr grault
Und nachts im Schlafe, es ist kaum zu fassen,
Mit einer Hand sogar den Bären krault.

Und möchte jemand der Moral noch lauschen,
Kann er zwei Lehren aus dem Ganzen ziehn:
Man soll, wenn möglich, nie die Betten tauschen.
Und wem ein Bär zuläuft, der kraule ihn.

Brüder Grimm
Schneeweißchen und Rosenrot

Eine arme Witwe, die lebte einsam in einem Hüttchen, und vor dem Hüttchen war ein Garten, darin standen zwei Rosenbäumchen, davon trug das eine weiße, das andere rote Rosen: und sie hatte zwei Kinder, die glichen den beiden Rosenbäumchen, und das eine hieß Schneeweißchen, das andere Rosenrot. Sie waren aber so fromm und gut, so arbeitsam und unverdrossen, als je zwei Kinder auf der Welt gewesen sind: Schneeweißchen war nur stiller und sanfter als Rosenrot. Rosenrot sprang lieber in den Wiesen und Feldern umher, suchte Blumen und fing Sommervögel: Schneeweißchen aber saß daheim bei der Mutter, half ihr im Hauswesen oder las ihr vor, wenn nichts zu tun war. Die beiden Kinder hatten einander so lieb, daß sie sich immer an den Händen faßten, sooft sie zusammen ausgingen: und wenn Schneeweißchen sagte: »wir wollen uns nicht verlassen«, so antwortete Rosenrot: »solange wir leben, nicht«, und die Mutter setzte hinzu: »was das eine hat, soll's mit dem andern teilen.« Oft liefen sie im Walde allein umher und sammelten rote Beeren, aber kein Tier tat ihnen etwas zuleid, sondern sie kamen vertraulich herbei: das Häschen fraß ein Kohlblatt aus ihren Händen, das Reh graste an ihrer Seite, der Hirsch sprang ganz lustig vorbei, und die Vögel blieben auf den Ästen sitzen und sangen, was sie nur wußten. Kein Unfall traf sie: wenn sie sich im Walde verspätet hatten, und die Nacht sie überfiel, so legten sie sich nebeneinander auf das Moos und schliefen, bis der Morgen kam, und die Mutter wußte das und hatte ihretwegen keine Sorge. Einmal, als sie im Walde übernachtet hatten, und das Morgenrot sie aufweckte, da sahen sie ein schönes Kind in einem weißen glänzenden Kleidchen neben ihrem Lager sitzen. Es stand auf und blickte sie ganz freundlich an, sprach aber nichts und ging in den Wald hinein. Und als sie sich umsahen, so hatten sie ganz nahe bei einem Abgrunde geschlafen und wären gewiß hineingefallen, wenn sie in der Dunkelheit noch ein paar Schritte weiter gegangen wären. Die Mutter aber sagte ihnen, das müßte der Engel gewesen sein, der gute Kinder bewache.

Schneeweißchen und Rosenrot hielten das Hüttchen der Mutter so reinlich, daß es eine Freude war hineinzuschauen. Im Sommer besorgte Rosenrot das Haus und stellte der Mutter jeden Morgen, ehe sie aufwachte, einen Blumenstrauß vors Bett, darin war von jedem Bäumchen eine Rose. Im Winter zündete Schneeweißchen das Feuer an und hing den Kessel an den Feuerhaken, und der Kessel war von Messing, glänzte aber wie Gold, so rein war er gescheuert. Abends, wenn die Flocken fielen, sagte die Mutter: »geh, Schneeweißchen, und schieb den Riegel vor«, und dann setzten sie sich an den Herd, und die Mutter nahm die Brille und las aus einem großen Buche vor, und die beiden Mädchen hörten zu, saßen und spannen; neben ihnen lag ein Lämmchen auf dem Boden, und hinter ihnen auf einer Stange saß ein weißes Täubchen und hatte seinen Kopf unter den Flügel gesteckt.

Eines Abends, als sie so vertraulich beisammen saßen, klopfte jemand an die Türe, als wollte er eingelassen sein. Die Mutter sprach: »geschwind, Rosenrot, mach auf, es wird ein Wanderer sein, der Obdach sucht.« Rosenrot ging und schob den Riegel weg und dachte, es wäre ein armer Mann, aber der war es nicht, es war ein Bär, der seinen dikken schwarzen Kopf zur Türe hereinstreckte. Rosenrot schrie laut und sprang zurück: das Lämmchen blökte, das Täubchen flatterte auf, und Schneeweißchen versteckte sich hinter der Mutter Bett. Der Bär aber fing an zu sprechen und sagte: »fürchtet euch nicht, ich tue euch nichts zuleid, ich bin halb erfroren und will mich nur ein wenig bei euch wärmen.« »Du armer Bär«, sprach die Mutter, »leg dich ans Feuer und gib nur acht, daß dir dein Pelz nicht brennt.« Dann rief sie: »Schneeweißchen, Rosenrot, kommt hervor, der Bär tut euch nichts, er meint's ehrlich.« Da kamen sie beide heran, und nach und nach näherten sich auch das Lämmchen und Täubchen und hatten keine Furcht vor ihm. Der Bär sprach: »ihr Kinder, klopft mir den Schnee ein wenig aus dem Pelzwerk«, und sie holten den Besen und kehrten dem Bär das Fell rein: er aber streckte sich ans Feuer und brummte ganz vergnügt und behaglich. Nicht lange, so wurden sie ganz vertraut und trieben Mutwillen mit dem unbeholfenen Gast. Sie zausten ihm das Fell mit den Händen, setzten ihre Füßchen auf seinen Rücken und walgerten ihn hin und her, oder sie nahmen eine Haselrute und schlugen auf ihn los, und wenn er brummte, so lachten sie. Der Bär ließ sich's aber gerne gefallen, nur wenn sie's gar zu arg machten, rief er: »laßt mich am Leben, ihr Kinder:

Schneeweißchen, Rosenrot,
schlägst dir den Freier tot.«

Als Schlafenszeit war, und die andern zu Bett gingen, sagte die Mutter zu dem Bär: »du kannst in Gottes Namen da am Herde liegen bleiben, so bist du vor der Kälte und dem bösen Wetter geschützt.« Sobald der Tag graute, ließen ihn die beiden Kinder hinaus, und er trabte über den Schnee in den Wald hinein. Von nun an kam der Bär jeden Abend zu der bestimmten Stunde, legte sich an den Herd und erlaubte den Kindern, Kurzweil mit ihm zu treiben, soviel sie wollten; und sie waren so gewöhnt an ihn, daß die Türe nicht eher zugeriegelt ward, als bis der schwarze Gesell angelangt war.

Als das Frühjahr herangekommen und draußen alles grün war, sagte der Bär eines Morgens zu Schneeweißchen: »nun muß ich fort und darf den ganzen Sommer nicht wieder kommen.« »Wo gehst du denn hin, lieber Bär?« fragte Schneeweißchen. »Ich muß in den Wald und meine Schätze vor den bösen Zwergen hüten: im Winter, wenn die Erde hart gefroren ist, müssen sie wohl unten bleiben und können sich nicht durcharbeiten, aber jetzt, wenn die Sonne die Erde aufgetaut und erwärmt hat, da brechen sie durch, steigen herauf, suchen und stehlen; was einmal in ihren Händen ist und in ihren Höhlen liegt, das kommt so leicht nicht wieder an des Tages Licht.« Schneeweißchen war ganz traurig über den Abschied, und als es ihm die Türe aufriegelte, und der Bär sich hinausdrängte, blieb er an dem Türhaken hängen, und ein Stück seiner Haut riß auf, und da war es Schneeweißchen, als hätte es Gold durchschimmern gesehen: aber es war seiner Sache nicht gewiß. Der Bär lief eilig fort und war bald hinter den Bäumen verschwunden.

Nach einiger Zeit schickte die Mutter die Kinder in den Wald, Reisig zu sammeln. Da fanden sie draußen einen großen Baum, der lag gefällt auf dem Boden, und an dem Stamme sprang zwischen dem Gras etwas auf und ab, sie konnten aber nicht unterscheiden, was es war. Als sie näher kamen, sahen sie einen Zwerg mit einem alten, verwelkten Gesicht und einem ellenlangen schneeweißen Bart. Das Ende des Bartes war in eine Spalte des Baums eingeklemmt, und der Kleine sprang hin und her wie ein Hündchen an einem Seil und wußte nicht, wie er sich helfen sollte. Er glotzte die Mädchen mit seinen roten feurigen Augen an und schrie: »was steht ihr da! Könnt ihr nicht herbeigehen und mir Beistand leisten?« »Was hast du angefangen, kleines Männchen?« fragte Rosenrot. »Dumme neugierige Gans«, antwortete der Zwerg, »den Baum habe ich mir spalten wollen, um kleines Holz in der Küche zu haben; bei den dicken Klötzen verbrennt gleich das bißchen Speise, das unsereiner braucht, der nicht so viel hinunterschlingt als ihr grobes gieriges Volk. Ich hatte den Keil schon glücklich hineingetrieben, und es wäre alles nach Wunsch gegangen, aber das verwünschte Holz war zu glatt und sprang unversehens heraus, und der Baum fuhr so geschwind zusammen, daß ich meinen schönen weißen Bart nicht mehr herausziehen konnte; nun steckt er drin, und ich kann nicht fort. Da lachen die albernen glatten Milchgesichter! Pfui, was seid ihr garstig!« Die Kinder gaben sich alle Mühe, aber sie konnten den Bart nicht herausziehen, er steckte zu fest. »Ich will laufen und Leute herbeiholen«, sagte Rosenrot. »Wahnsinnige Schafsköpfe«, schnarrte der Zwerg, »wer wird gleich Leute herbeirufen, ihr seid mir schon um zwei zu viel; fällt euch nichts Besseres ein?« »Sei nur nicht ungeduldig«, sagte Schneeweißchen, »ich will schon Rat schaffen«, holte sein Scherchen aus der Tasche und schnitt das Ende des Bartes ab. Sobald der Zwerg sich frei fühlte, griff er nach einem Sack, der zwischen den Wurzeln des Baums steckte und mit Gold gefüllt war, hob ihn heraus und brummte vor sich hin: »ungehobeltes Volk, schneidet mir ein Stück von meinem stolzen Barte ab! Lohn's euch der Kuckuck!« Damit schwang er seinen Sack auf den Rücken und ging fort, ohne die Kinder nur noch einmal anzusehen.

Einige Zeit danach wollten Schneeweißchen und Rosenrot ein Gericht Fische angeln. Als sie nahe bei dem Bach waren, sahen sie, daß etwas wie eine große Heuschrecke nach dem Wasser zu hüpfte, als wollte es hineinspringen. Sie liefen heran und erkannten den Zwerg. »Wo willst du hin?« sagte Rosenrot, »du willst doch nicht ins Wasser?« »Solch ein Narr bin ich nicht«, schrie der Zwerg, »seht ihr nicht? Der verwünschte Fisch will mich hineinziehen!« Der Kleine hatte da gesessen und geangelt, und unglücklicherweise hatte der Wind seinen Bart mit der Angelschnur verflochten: als gleich darauf ein großer Fisch anbiß, fehlten dem schwachen Geschöpf die Kräfte, ihn herauszuziehen: der Fisch behielt die Oberhand und riß den Zwerg zu sich hin. Zwar hielt er sich an allen Halmen und Binsen, aber das half nicht viel, er mußte den Bewegungen des Fisches folgen und war in beständiger Gefahr, ins Wasser gezogen zu werden. Die Mädchen kamen zu rechter Zeit, hielten ihn fest und versuchten, den Bart von der Schnur loszumachen, aber vergebens: Bart und Schnur waren fest ineinander verwirrt. Es blieb nichts übrig, als das Scherchen hervorzuholen und den Bart abzuschneiden, wobei ein kleiner Teil desselben verloren ging. Als der Zwerg das sah, schrie er sie an: »ist das Manier, ihr Lorche, einem das Gesicht zu schänden? Nicht genug, daß ihr mir den Bart unten abgestutzt habt, jetzt schneidet ihr mir den besten Teil davon ab: ich darf mich vor den Meinigen gar nicht sehen lassen. Daß ihr laufen müßtet und die Schuhsohlen verloren hättet!« Dann holte er einen Sack Perlen, der im Schilfe lag, und, ohne ein Wort weiter zu sagen, schleppte er ihn fort und verschwand hinter einem Stein.

Es trug sich zu, daß bald hernach die Mutter die beiden Mädchen nach der Stadt schickte, Zwirn, Nadeln, Schnüre und Bänder einzukaufen. Der Weg führte sie über eine Heide, auf der hier und da mächtige Felsenstücke zerstreut lagen. Da sahen sie einen großen Vogel in der Luft schweben, der langsam über ihnen kreiste, sich immer tiefer herabsenkte und endlich nicht weit bei einem Felsen niederstieß. Gleich darauf hörten sie einen durchdringenden, jämmerlichen Schrei. Sie liefen herzu und sahen mit Schrecken, daß der Adler ihren alten Bekannten, den Zwerg, gepackt hatte und ihn forttragen wollte. Die mitleidigen Kinder hielten gleich das Männchen fest und zerrten sich so lange mit dem Adler herum, bis er seine Beute fahren ließ. Als der Zwerg sich von dem ersten Schrecken erholt hatte, schrie er mit seiner kreischenden Stimme: »konntet ihr nicht säuberlicher mit mir umgehen? Gerissen habt ihr an meinem dünnen Röckchen, daß es überall zerfetzt und durchlöchert ist, unbeholfenes und täppisches Gesindel, das ihr seid!« Dann nahm er einen Sack mit Edelsteinen und schlüpfte wieder unter den Felsen in seine Höhle. Die Mädchen waren an seinen Undank schon gewöhnt, setzten ihren Weg fort und verrichteten ihr Geschäft in der Stadt. Als sie beim Heimweg wieder auf die Heide kamen, überraschten sie den Zwerg, der auf einem reinlichen Plätzchen seinen Sack mit Edelsteinen ausgeschüttet und nicht gedacht hatte, daß so spät noch jemand daherkommen würde. Die Abendsonne schien über die glänzenden Steine, sie schimmerten und leuchteten so prächtig in allen Farben, daß die Kinder stehen blieben und sie betrachteten. »Was steht ihr da und habt Maulaffen feil!« schrie der Zwerg, und sein aschgraues Gesicht ward zinnoberrot vor Zorn. Er wollte mit seinen Scheltworten fortfahren, als sich ein lautes Brummen hören ließ, und ein schwarzer Bär aus dem Walde herbeitrabte. Erschrocken sprang der Zwerg auf, aber er konnte nicht mehr zu seinem Schlupfwinkel gelangen, der Bär war schon in seiner Nähe. Da rief er in Herzensangst: »lieber Herr Bär, verschont mich, ich will Euch alle meine Schätze geben, sehet, die schönen Edelsteine, die da liegen. Schenkt mir das Leben, was habt Ihr an mir kleinen, schmächtigen Kerl? Ihr spürt mich nicht zwischen den Zähnen: da, die beiden gottlosen Mädchen packt, das sind für euch zarte Bissen, fett wie junge Wachteln, die freßt in Gottes Namen.« Der Bär kümmerte sich um seine Worte nicht, gab dem boshaften Geschöpf einen einzigen Schlag mit der Tatze, und es regte sich nicht mehr.

Die Mädchen waren fortgesprungen, aber der Bär rief ihnen nach: »Schneeweißchen und Rosenrot, fürchtet euch nicht, wartet, ich will mit euch gehen.« Da erkannten sie seine Stimme und blieben stehen, und als der Bär bei ihnen war, fiel plötzlich die Bärenhaut ab, und er stand da als ein schöner Mann und war ganz in Gold gekleidet. »Ich bin eines Königs Sohn«, sprach er, »und war von dem gottlosen Zwerg, der mir meine Schätze gestohlen hatte, verwünscht, als ein wilder Bär in dem Walde zu laufen, bis ich durch seinen Tod erlöst würde. Jetzt hat er seine wohlverdiente Strafe empfangen.«

Schneeweißchen ward mit ihm vermählt, und Rosenrot mit seinem Bruder, und sie teilten die großen Schätze miteinander, die der Zwerg in seine Höhle zusammengetragen hatte. Die alte Mutter lebte noch lange Jahre ruhig und glücklich bei ihren Kindern. Die zwei Rosenbäumchen aber nahm sie mit, und sie standen vor ihrem Fenster und trugen jedes Jahr die schönsten Rosen, weiß und rot.

Michael Koseler

Bärenmode

Es war ein Bär, der liebte Schick,
drum ging er einst in 'ne Boutique,
um sich dort auszustatten
mit Hosen und Krawatten.

Daselbst jedoch muß er erfahren,
daß Schlipse schon seit zwei-drei Jahren
den Bärn von Welt nicht mehr recht zieren
(und überdies den Hals einschnüren);
doch Hosen sind schon lange out,
man trägt jetzt eins nur – nämlich Haut.

Der Bär vernimmt's mit Klagen,
denn Haut kann er nicht tragen –
da hilft auch keine List –,
weil er rundum bepelzt ist.

Abgesang:

Egon Erwin Kisch
Bären als Türhüter

Oh, über den Niedergang des Bärengeschlechtes! Heute gehört es zu jenen überflüssigen Füllseln der zoologischen Gärten, welche unseren Fleischbestand vermindern, und – der Wohltat fleischloser Tage verständnislos gegenüberstehend – ihre Pranken nach den Kindern von dem Gitter ausstrecken.

Und einst? Kriegsberichterstatter Tacitus meldet der »Germania«, daß der Bär von den Barbaren als König der Tiere angesehen und dem Gotte Tor geweiht war, und die Blätter der hellenischen Mythologie verzeichnen das Gerücht, daß er der Waldgöttin Artemis heilig sei. Nach der Depossedierung von Tor und Artemis hörte naturgemäß auch des Bären sakrosankte Stellung auf: Kaiser, Könige, Herzoge und Fürsten nahmen ihn, der in so vornehmen Häusern angestellt gewesen war, mit Vergnügen in ihre Dienste, um so mehr, als er von mächtiger Stärke war, was in den Zeiten des Nahkampfes Gefallen erregen mußte. Selbst für geweihte Herren galt der Beiname »der Bär« als hohe Ehre, und sie führten sein Bildnis im Wappen. Aber dann – Undank ist der Welten Lohn! – kamen die Söhne der Fürsten, reformsüchtig, voll Abneigung gegen die alten Domestiken. Sie fanden den braven Bären plump, täppisch und honigleckerisch, kündigten ihm die Stellung als adeliges Wappentier und Sinnbild, engagierten an seiner Stelle Adler und Löwen.

Von Kavalieren abgelehnt, übernahmen den Bären die Städte. In Bärenzwingern hielten sie ihn sozusagen als lebendes Wappentier und führten sein Konterfei im Schilde. Sogar die Reichs- und Residenzhauptstadt Berlin. Aber auch in dieser Stellung konnte sich der ehrliche Bursche zumeist nicht halten. Die Entlassungsgründe dürften in den verleumderischen Behauptungen der Schmähschrift »Reineke Voß« zu suchen sein, von der sich die Stadtgemeinden den Bären aufbinden ließen, daß sich Meister Petz von irgendeinem Fuchsen das Fell habe über die Ohren ziehen lassen. Oder vielleicht mochte die Bürgerschaft irgendwie fühlen, daß die zottige, ungelenke, willig am Gängelbande trottende und auch nicht allzu gebildete Tiergestalt ein wenig ihr eigenes Abbild sei.

Was tut man mit einem vakant gewordenen Angestellten der Stadtgemeinde? Die einzelnen Bürger verpflichten den Stellungslosen an ihre Häuser. Auch in Prag. Bewilligt war ihnen solcher adeliger Häuserschmuck schon von Wenzel IV.: »allmeniclich ire Helme und Schilte an den Hevsern in derselben Stat zu Prage vorwappen und malen mögen von allermeniclich ungehindert.« Und so ist der Bär, der einst an Artemis' Seite durch die dichten Haine des Olympos lief und mit Donar in kymbrischen Wäldern jagte, dessen Namen Könige und Herzoge als Ehrentitel führten, dem mächtige Städte Ehrenplätze und Ehrenmahlzeiten gewährt hatten, heute dazu verurteilt, ein armseliges Dasein als Haustier auf der Haustür zu fristen und altersgrauen Bürgerhäusern auf dem Bergstein, in der Grube, in der Michaels- und Eisengasse, im Tein- und im Ledergäßchen als Hüter zu dienen, als einzige Zier.

Ausläufer seiner aristokratischen Vergangenheit waren in Prag der Bärenhof des Wrbaschen Palais, dessen Gruppen im Lapidarium der Stadt Prag zur ewigen Ruhe beigesetzt wurden, und das jetzt hinter der Pförtnerwohnung des Kinskyparkes deponierte Slawata-Tor zum »Schönen Garten«, der rechts vom Smichower Palackýbrückenkopfe im siebzehnten Jahrhundert eine Zierde Prags war, dann zur Pribamschen Kattunfabrik und jetzt zu einem scheußlichen Komplex von Neubauten wurde. An die Zeit eines kommunalen Ansehens mag vielleicht noch der Steinbrunnen vor der Smichower Albrechtskaserne gemahnen: Hier recken sich drei Bären aufrecht im Rasenbeet, das sonst niemand betreten darf.

Das eine der Prager Bärenhäuser, es steht in der Kleinseitner Brückengasse und ist mir noch aus der großen Zeit im Gedächtnis, da der bucklige Rudolf Mrva, genannt »Rigoletto von Toscana«, von Omladinisten unter dem Weihnachtsbaum erdolcht wurde und ich, ein Knabe, abenteuerbegierig und wundererwartend in der Nähe der Mordstätte umherstrich. Und in den drei anderen Häusern, deren Wahrzeichen Bärendenkmale sind, habe ich viel Zeit meines Prager Lebens gelassen.

Das Bierlokal »Zu den zwei kleinen schwarzen Bärlein«, »U Medvidku«, auf dem Bergstein wird mancher kennen. Ein altes Empiregitter im Torbogen und darüber zwei possierliche Bärenbabys aus Stein, die sich mit Blicken den Inhalt des Futternapfes in ihrer Mitte streitig machen. An sechs Jahrhunderte steht dieses pensionierte Bräuhaus im alten Gewande hier, nur im Innern hat es allerhand sehr durchgreifende Veränderungen durchgemacht. In den letzten Jahrzehnten hat es einem Tingeltangel als Obdach gedient, einer ganz volkstümlichen Singspielhalle. In den großen Bogenfenstern klebten freigebige Photographien draller Chansonetten und Tänzerinnen, das Doppelbild der beiden dicken Brüder Hartmann, der Direktoren dieses Theaters, und ihrer korpulenten Frauen, eine Kostümaufnahme des urwüchsigen Hauskomikers und Darstellers Prager Typen, Hermann Zefi, die Volkssänger Ferda Kohout und Rak, selbst der alte Sodoma und sein Schwager Polda Schmid, der noch mit dem im Suff verkommenen jungtschechischen Abgeordneten Dr. Unger in der Schenke »Zum Bataillon« zusammengekommen war und das Schicksal des gesunkenen Volkstribunen und das seiner Zechkumpane in einem Einakter formuliert und dargestellt hat. Von den Lieblingen der Stammgäste sind viele gestorben, darunter einer der beiden Hartmanns und der alte Schmid, die anderen Komiker haben dem Podium den Rücken gekehrt und sind aus der Öffentlichkeit verschwunden, und nur den weiblichen Stars von einst kann man hie und da in der Nacht begegnen.

Wenn das Programm abgewickelt war, vereinigten sich im gewölbten Saale Publikum und Künstler um einen langen Tisch allabendlich zu einer intimen Kneipe. Den hochheiligen Kantus, mit dem der Kommers inzipiert wurde, kann ich noch heute auswendig, aber die etymologische Deutung der Worte und ihre Übersetzung würde mir unüberwindliche Schwierigkeiten bereiten:

U Medvidku, na Perštýně
tam je immer rajtajtaj
každý drži levanduli
a špurtuje candrnaj.

Natürlich waren bei diesen zwanglosen Unterhaltungen die Plätze neben den temperamentvollsten und jüngsten der Soubretten sehr gesucht, und oft genug hat es Verstimmungen und Tätlichkeiten wegen der Sitzordnung gegeben. Auch gab es manchesmal Eifersuchtskonflikte, wenn jemand mit einer der Damen in den »Dschungel« verschwand, ein kleines Nebenlokal, in dem man vollkommen ungestört sein konnte, wenn man sich die Protektion des Kellners erkauft hatte.

Aber nicht immer waren die Zurückgebliebenen eifersüchtig. Die edelste Haltung eines Bräutigams habe ich hier erlebt, als hier einmal Sonntag nachts nach Abwicklung des Programmes ein Polterabend gefeiert wurde: Karl L., der beliebte Sänger des Ensembles, wird morgen vormittag seine langjährige Engagementskollegin Wlasta heiraten. Natürlich frozzelt man die Braut, die auf dem Schoß zweier Gäste sitzt und sich von ihnen den Hof machen läßt, und den Bräutigam, der den Rest seines Junggesellentums in schwarzem Bier ersäufen will. Man uzt ihn hauptsächlich, indem man ihm Witze über die Naivität der Braut und über ihre voraussichtliche Treue zuruft. Schließlich wird's dem braven Karl doch zu bunt. Er schlägt mit der flachen Hand auf die Tischplatte, daß die Gläser klirren. Unter atemloser Spannung schreit er's über die Korona: »Von morgen ab ist Schluß mit diesem Sauleben, Wlasta! Wenn du heut mit jemandem in den ›Dschungel‹ gehen willst, – meinetwegen. Aber von morgen ab bist du meine Frau, verstanden?«

Nach dieser schönen und energischen Rede stärkte er sich mit einem Trunk, und auch die anderen hoben beifällig die Gläser. So zechte man bis zur Hochzeitsstunde (wenn auch die Braut größtenteils nicht im Saale war).

Ein anderes Haus, das ein Bär hütet, steht im Teinhof, wenn man aus der Stupartsgasse kommt, links. Welch ein schönes Tier ist das! In die Ecke des Hauses ist eine Nische gehöhlt, und darin reckt sich ein Tanzbär auf den Hinterfüßen in die Höhe, den Rachen weit geöffnet. Doch ist keine Angst vonnöten: Der bärbeißige Geselle ist gefesselt, an seiner linken Vorderpranke ist ein Ring festgeschmiedet, von dem sich über seinen Nacken die Eisenkette bis zu einem in die Fassade eingelassenen Ring schlingt. Vor wem gibt er hier seine Vorstellung? Einst wollte er vielleicht die Aufmerksamkeit der Pennäler auf sich lenken, der Füchse und Burschen der grün-silberblauen »Normania«, die voll Herzklopfen hierher ins Gasthaus »Zum Tunnel« schlichen, um sich beim Bier laut und männlich zu gebärden und »Frei ist der Bursch« zu singen – ganz wie er selbst, der Bär, der sich auf die Hinterbeine stellt, in die Höhe reckt und den Mund zum Brüllen aufreißt, aber doch gefesselt ist und angeschmiedet. Dann wollte er vielleicht, als schon der »Tunnel« in der Wertung der Behörden zur schlimmsten Spelunke Prags avanciert war, irgendeinen Stammgast anrufen, mit dem er einst von Jahrmarkt zu Jahrmarkt gezogen war; aber während damals der Bär im Innern der Bude gekauert und gefressen hatte, dieweil der Ausrufer mit geöffnetem Munde auf dem Platze stand, war es nun umgekehrt. Und jetzt? Jetzt sieht Atta Troll allabendlich junge Paare im Nachbarhause verschwinden, in das Hotel Ungelt, und er öffnet den Rachen, sicherlich einen weithin rollenden Sehnsuchtsseufzer auszustoßen nach Mumma, seiner fernen Geliebten.

Textnachweise

Aesop (6. Jh. v.Chr.) · *Löwe und Bär*, S. 24; *Die Wanderer und der Bär*, S. 24; aus: Fabeln der Antike. Herausgegeben und übersetzt von Harry C. Schnur. Überarbeitet von Erich Keller. Artemis Verlag, München und Zürich 1985. © Artemis & Winkler Verlag, Düsseldorf/Zürich.

Babrius (1. Jh. n.Chr.) · *Bär und Fuchs*, S. 25; aus: Fabeln der Antike. Herausgegeben und übersetzt von Harry C. Schnur. Überarbeitet von Erich Keller. Artemis Verlag, München und Zürich 1985. © Artemis & Winkler Verlag, Düsseldorf/Zürich.

Ingeborg Bachmann (1926-1973) · *Anrufung des Großen Bären*, S. 196; aus: Gesammelte Werke. Band 1: Gedichte. © Piper Verlag GmbH, München 1978.

Werner Bergengruen (1892-1964) · *Die Bärenbraut*, S. 114; aus: Die schönsten Novellen. Mit einem Nachwort von N. Luise Hackelsberger. © 1963, 1987, 1988 by Arche Verlag AG, Zürich/Hamburg.

Ambrose Bierce (1842-1914 [verschollen]) · *Der Bär im Lasso*, S. 190; aus: Die gesammelten Geschichten und des Teufels Wörterbuch. Übersetzt von Viola Eigenberz, Trautchen Neetix und anderen. © 1987, 2000 by Haffmans Verlag AG Zürich.

Michael Bond (geb. 1926) · *Paddington bietet mit*, S. 96; aus: Paddington hilft, wo er kann. Aus dem Englischen von Monika Osberghaus. © 1996 Carl Hanser Verlag, München/Wien.

Gottfried August Bürger (1747-1794) · *Münchhausen: Achtes Seeabenteuer*, S. 182; aus: Wunderbare Reisen zu Wasser und zu Lande, Feldzüge und lustige Abenteuer des Freiherrn von Münchhausen. Insel Verlag Frankfurt am Main 1976.

Julio Cortázar (1914-1984) · *Rede des Bären*, S. 127; aus: Die Erzählungen. Band 2: Südliche Autobahn. Aus dem Spanischen von Fritz Rudolf Fries, Wolfgang Promies und Rudolf Wittkopf. © Suhrkamp Verlag Frankfurt am Main 1998.

Christian Fürchtegott Gellert (1715-1769) · *Der Tanzbär*, S. 83; aus: Fabeln und Erzählungen. Verlag Lothar Borowsky, München o. J.

Adolf Glaßbrenner (1810-1876) · *Der Eisbär Sülzental*, S. 67; aus: Berliner Leben. Gustav Kiepenheuer Verlag, Berlin 1940.

Johann Wolfgang Goethe (1749-1832) · *Reineke Fuchs. Zweiter Gesang*, S. 129; aus: Reineke Fuchs. Insel Verlag, Frankfurt am Main und Leipzig 1999.

Grandville (d. i. Jean Ignace Isidore Gérard, 1803-1847) · *Der Bär*, S. 72; aus: Bilder aus dem Staats- und Familienleben der Tiere. Erster Band. Insel Verlag Frankfurt am Main 1976.

Brüder Grimm (Jacob, 1785-1863, und Wilhelm, 1786-1859) · *Schneeweißchen und Rosenrot*, S. 205; aus: Kinder- und Hausmärchen in drei Bänden. Dritter Band. Insel Verlag Frankfurt am Main 1984.

Peter Hacks (geb. 1928) · *Der Bär auf dem Försterball*, S. 60; aus: Der Bär auf dem Försterball. © Middelhauve Verlags GmbH, München.

Johann Peter Hebel (1760-1826) · *Der Bär in Constantinopel*, S. 63; aus: Kalendergeschichten. Harenberg Kommunikation Verlags- und Mediengesellschaft, Dortmund 1984.

Ted Hughes (1930-1998) · *Der Bär*, S. 25; aus: Der Tiger tötet nicht. Ausgewählte Gedichte. Auswahl, Übertragung und Nachwort von Jutta und Wolfgang Kaußen. © Insel Verlag Frankfurt am Main und Leipzig 1998.

Egon Erwin Kisch (1885-1948) · *Bären als Türhüter*, S. 214; aus: Aus Prager Gassen und Nächten. Prager Kinder. Die Abenteuer in Prag. © Aufbau-Verlag Berlin und Weimar 1968.

Klabund (d. i. Alfred Henschke, 1890-1928) · *Der Bär*, S. 17; aus: Erzählungen und Grotesken. Buchverlag Der Morgen, Berlin 1981.

Heinrich von Kleist (1777-1811) · *Außerordentliches Beispiel von Mutterliebe bei einem wilden Tiere*, S. 107; aus: Werke und Briefe. Band 3. Herausgegeben von Karl Martin Schiller. F. W. Hendel Verlag, Leipzig 1926.

Michael Koseler (geb. 1950) · *Bärlkönig*, S. 85; *Der Graubär*, S. 165; *Bärenmode*, S. 213; Originalbeiträge. Abdruck mit freundlicher Genehmigung des Autors.

James Krüss (1926-1997) · *Der Eisbär und die Königin*, S. 203; aus: James' Tierleben. Der Kinderbuch Verlag, Berlin 1998.

Iwan Andrejewitsch Krylow (1769-1844) · *Der Bär bei den Bienen*, S. 176; *Der arbeitliebende Bär*, S. 189; aus: Iwan Andrejewitsch Krylow, Fabeln. Übertragen von Ferdinand Löwe. Reclam Verlag, Leipzig 1988.

Kurt Kusenberg (1904-1983) · *Eine Schulstunde*, S. 165; aus: Gesammelte Erzählungen. © Rowohlt Verlag, Reinbek 1969.

Manfred Kyber (1880-1933) · *Basilius Mummelpelz und Hieronymus Kragenpeter*, S. 21; aus: Das Manfred Kyber Buch. Tiergeschichten und Märchen. © Rowohlt Verlag, Reinbek 1972.

Jean de La Fontaine (1621-1695) · *Die Löwin und der Bär*, S. 59; *Der Bär und die beiden Burschen*, S. 108; *Der Bär und der Gartenliebhaber*, S. 187; aus: Die Fabeln. Übertragen von Rolf Mayr. Eugen Diederichs Verlag, München.

Nikolai Leskow (1831-1895) · *Das Tier*, S. 32; aus: Das Schreckgespenst. Erzählungen. Aus dem Russischen von Ruth Fritze-Hanschmann, Günter Dalitz und Hartmut Herboth. © Sammlung Dieterich Verlagsgesellschaft mbH, Leipzig 1953, 1992 (für die Übersetzung von R. Fritze-Hanschmann).

Gotthold Ephraim Lessing (1729-1781) · *Der Bär und der Elefant*, S. 128; *Der Tanzbär*, S. 182; aus: Gesammelte Werke in zehn Bänden. Herausgegeben von Paul Rilla. Erster Band. Aufbau-Verlag, Berlin und Weimar 1968.

A. A. Milne (1882-1956) · *Pu der Bär*, S. 177; aus: Pu der Bär. Drittes Kapitel. Aus dem Englischen von Harry Rowohlt. Cecilie Dressler Verlag, Hamburg 1995. © Atrium Verlag, Zürich.

Felix Mitterer (geb. 1948) · *Im Schaufenster*, S. 171; aus: Das große Buch von kleinen Bären. Herausgegeben von Jutta Radel. Benziger Verlag, Zürich Köln 1980.

Ovid (43 v. Chr. – etwa 18. n. Chr.) · *Kallisto*, S. 191; aus: Metamorphosen. Übertragen von Johann Heinrich Voß. Insel Verlag Frankfurt am Main 1990.

Franz Graf von Pocci (1807-1876) · *Kasperl auf der Jagd*, S. 110; aus: Die gesamte Druckgraphik. Rogner & Bernhard, München 1974.

Eugen Roth (1895-1976) · *Vom Bären steht in jeder Chronik . . .*, S. 11; aus: Raubtiere. In: Eugen Roths Großes Tierleben. Carl

Hanser Verlag, München Wien 1989. Abdruck mit freundlicher Genehmigung der Erben.

Michail Saltykow-Schtschedrin (1826-1889) · *Statthalter Bär,* S. 142; aus: Die Tugenden und die Laster. Übertragen von Gottfried Kirchner. Insel Verlag Leipzig 1966.

Theodor Storm (1817-1888) · *Hans Bär,* S. 85; aus: Von Kindern und Katzen. Union Verlag, Stuttgart 1986.

James Thurber (1894-1961) · *Der Bär, der es bleiben ließ,* S. 31; aus: 75 Fabeln für Zeitgenossen. Übersetzt von Ulla Hengst, Hans Reisiger und H. M. Ledig-Rowohlt. © Rowohlt Verlag, Reinbek 1950, 1953, 1967.

Emil Zopfi (geb. 1943) · *Die nackten Bären,* S. 157; aus: Das große Buch von kleinen Bären. Herausgegeben von Jutta Radel. Benziger Verlag, Zürich Köln 1980. Abdruck mit freundlicher Genehmigung des Autors.

Volksmärchen · *Wie der Bärentanz entstand,* S. 26; aus: Nordamerikanische Indianermärchen. Herausgegeben von Gustav A. Konitzky. Eugen Diederichs Verlag, Düsseldorf Köln 1963, jetzt München. *Bauer, Bär und Fuchs,* S. 81; aus: Russische Volksmärchen. Herausgegeben von Erna Pomeranzewa. Übersetzt von Günter Dalitz. Akademie Verlag, Berlin 1970; *Der Bär mit dem Lindenholzfuß,* S. 113; aus: Litauische Volksmärchen. Herausgegeben von Bronislava Kerbelytė. Übersetzt von Viktor Falkenhahn. Akademie Verlag, Berlin 1982; *Der Bär und das Erdhörnchen,* S. 163; aus: Der Rabe Kutcha. Märchen der Völker des Nordens. Übersetzt von Vera Nowak. Verlag Malysch, Moskau 1976; *Der Bär als Schwiegersohn,* S. 198; aus: Lettische Volksmärchen. Herausgegeben von Ojārs Ambainis. Übersetzt von Benita Spielhaus. Akademie Verlag, Berlin 1982.